DIALOGANDO COM A PRÓPRIA HISTÓRIA

SÉRGIO GUIMARÃES

DIALOGANDO COM A PRÓPRIA HISTÓRIA

Paulo Freire

2ª edição

PAZ & TERRA
Rio de Janeiro
2021

EDITORA PAZ E TERRA LTDA.
Rua Argentina, 171, 3º andar — São Cristóvão — Rio de Janeiro

Texto revisto pelo novo Acordo Ortográfico da Língua Portuguesa.

Seja um leitor preferencial Record.
Cadastre-se no site www.record.com.br e receba informações sobre nossos lançamentos e nossas promoções.

Atendimento e venda direta ao leitor:
sac@record.com.br

DADOS INTERNACIONAIS DE CATALOGAÇÃO NA PUBLICAÇÃO (CIP)
(CÂMARA BRASILEIRA DO LIVRO, SP, BRASIL)

F934d
2. ed.

Freire, Paulo, 1921-1997.
Dialogando com a própria história / Paulo Freire, Sérgio Guimarães. – 2. ed. – Rio de Janeiro: Paz e Terra, 2021.

ISBN 978-85-7753-420-3

1. Educadores - Brasil. 2. Educação - América Latina. 3. Educação - Finalidades e objetivos. I. Guimarães, Sérgio, 1951-. II. Título.

21-71638 CDD: 370.981
CDU: 37(81)

Meri Gleice Rodrigues de Souza – Bibliotecária – CRB-7/6439

Impresso no Brasil
2021

Às meninas e aos meninos que não conseguiram ir à escola, e a todos os trabalhadores que, da gráfica à editora, fizeram conosco este livro.

Sumário

Apresentação

Se examinarmos a bibliografia de Paulo Freire, constatamos que a volta definitiva dele para o Brasil, em 1980, inaugura uma nova fase, com um novo modo de trabalhar suas ideias político-educativas: os "livros falados". Enfatizo, entretanto, que estes não significam nenhuma ruptura na unidade que caracteriza toda a sua obra — a pedagogia do oprimido. Este foi mais que um tema que permeia toda a sua obra, foi a razão de ser dela.

Coerente com o que declarou, emocionadamente, em 1979, ao tocar esta terra tão amada, após os quase dezesseis anos de exílio — "Volto para re-aprender o Brasil" —, Paulo esteve algum tempo presenciando, auscultando e observando a nossa realidade. Sobretudo, escutando a todos e a todas que lhe quisessem falar ou criticar. Exercitando a reflexão sobre os problemas mais amplos a partir do cotidiano concreto, como lhe era característico, para então criar o novo. Pouco escreveu, por isso mesmo, nesse tempo de re-aprendizagem. Preferiu, prudentemente, pensar com a nova realidade que encontrara em seu "contexto de origem", pois tinha sido muito longo o período no qual vivera sem "nunca voltar para casa", preso ao seu "contexto de empréstimo", para então pronunciar a sua nova palavra.

Por outro lado, Sérgio Guimarães, que o tinha lido ainda adolescente quando fazia o seu curso Normal no interior de São Paulo, havia mantido contatos pessoais com Paulo. Como professor de Civilização e Literatura Brasileira, em Lyon, Sérgio levava suas alunas e seus alunos universitários para dialogar com Paulo, em Genebra. Em fevereiro de 1978 foi a vez do próprio Paulo, que então trabalhava para o Conselho Mundial das Igrejas, visitar esses mesmos estudantes na França. Sérgio ouvia, discutia, anotava, gravava, enfim, registrava o ocorrido na França e na Suíça para depois analisar tudo com esses mesmos estudantes.

Inspirado nessa sua prática pedagógica e nos célebres diálogos de Platão com o velho Sócrates, Sérgio fez, em 1981, uma proposta ousada: "Paulo, por que não passamos para o papel as nossas discussões? Ao invés de cada um escrever sozinho, a gente podia pôr em livro a nossa prática de diálogo. Além de ser uma forma mais dinâmica de comunicação, talvez seja de mais fácil leitura, por ter base oral e, portanto, ser considerada pelos leitores que se iniciam no campo pedagógico como menos 'pretensiosa'." Estava inaugurada essa nova forma de Paulo escrever seu pensamento ético-político de educador. Assim, publicou-se no Brasil, em 1982, o primeiro "livro falado" de nossa história da pedagogia, *Sobre educação: diálogos*.*

Sei que Sérgio se orgulha de duas coisas. Primeiro, de ter sido ele quem estimulou Paulo a escrever "livros falados", o que resultou numa série que Paulo fez com o próprio Sérgio, e depois com outros professores. Segundo, por ter mantido com

* Para as edições a partir de 2011, optou-se por trabalhar cada "livro falado" de forma independente. Dessa maneira, *Sobre educação: diálogos I* tornou-se *Partir da infância: diálogos sobre educação*. (N.E.)

Paulo, ao escrever esses livros, uma relação de semelhanças e diferenças, nunca de hierarquias estabelecidas pelos saberes.

Paulo entrava com a sua capacidade de pensar e com a sua sabedoria de análise adquirida na sua experiência de "peregrino do óbvio". De sua andarilhagem pelo mundo de Recife a Genebra, da Tanzânia a Montreal, de Roma a Cabo Verde, de Cambridge/Boston a Buenos Aires, de Lisboa a Nova York, de Paris a Nova Delhi, de Angola a Papua-Nova Guiné, enfim, pelos "quatro cantos do mundo" até chegar a São Paulo. Sérgio entrava com sua inquietude de jovem pensador, que se perguntava e questionava, por exemplo, sobre os problemas da educação primária no Brasil, assunto sobre o qual tinha grande conhecimento, vivência e criticidade.

A afirmativa de Sérgio, genuíno comunicador por vocação e por intenção, dita a mim há poucos meses, com satisfação e segurança — "Não fui um discípulo do mestre Paulo Freire. Fomos interlocutores um do outro" —, demonstra mais uma vez que Paulo nunca admitiu a hipótese, tantas vezes a ele proposta, de "criar uma escola freireana". Isto é, de organizar círculos de debates nos quais ele ensinaria tudo e os aprendizes reproduziriam simplesmente o seu saber. Paulo, na sua simplicidade e sabedoria, quis, ao contrário, ter sempre junto a si, com ele, o Outro e a Outra, para saber mais. Jamais quis transformar Esta e Aquele em "narcisos", nos quais poderia bastar-se a si próprio ao mirá-los, vangloriando-se. Quis admirar o mundo com pessoas que exercessem também a sua verdadeira autonomia. Os "livros falados" nos ensinam, sobretudo, isto, mas não só: contribuíram para concretização do desejo e da necessidade de Paulo de "re-aprender o Brasil", além de serem o testemunho vivo de que, para verdadeiramente admirar o mundo, os seus desveladores têm de ser sujeitos da leitura que fazem dele.

Por tudo isso é que hoje tenho a enorme alegria de entregar, com o próprio Sérgio, às leitoras e aos leitores dele e de meu marido, o volume II de *Aprendendo com a própria história.** As histórias de vida dos dois autores, autenticamente narradas e analisadas, continuam a ser a linha mestra dos temas abordados. Mantém-se, também, tão vivo quanto no volume I desta obra, o "balé do pensamento" de Paulo. Isto é, está preservado o estilo lógico dele, usado tanto para aprofundar suas próprias ideias quanto para propiciar o verdadeiro diálogo com o seu parceiro Sérgio: o movimento de retomar dizeres já ditos para aprofundá-los.

Nita
Ana Maria Araújo Freire
São Paulo, 7 de maio de 2000, domingo

* Para as edições a partir de 2011, optou-se por trabalhar cada livro de forma independente. Dessa maneira, *Aprendendo com a própria história I* manteve seu título, mas sem a indicação de volume; e *Aprendendo com a própria história II* tornou-se *Dialogando com a própria história*. (N.E.)

Capítulo zero
Um Convite ao Diálogo, Buscando na Memória

1. Uma questão de gostosura

Sérgio: Alguém poderia dizer: "Mais um livro?! Já há tanta gente escrevendo, e ainda aparecem mais dois escrevendo um outro!" Só espero que este não seja apenas mais um, mas um novo livro, que retome o primeiro ensaio de diálogo que nós fizemos, já com o título *Aprendendo com a própria história.**

Por razões que vêm também da nossa própria história pessoal — sobretudo talvez da minha, por eu ter saído do Brasil —, esse livro acabou não tendo a continuidade imediata que nós esperávamos. Ficamos no primeiro título, que saiu em 1987, e que só retomamos agora, seis anos depois.

Havíamos parado o último diálogo no momento em que Paulo Freire estava saindo do Chile com destino aos Estados Unidos. A proposta é completar esse ciclo a partir daí até hoje, se possível. O que talvez valha a pena deixar claro já nesta introdução é que, desde que nós começamos com os livros —

* Paulo Freire e Sérgio Guimarães, *Aprendendo com a própria história.* São Paulo: Paz e Terra, 1987 [3ª ed. São Paulo: Paz e Terra, 2021].

o primeiro deles, o *Partir da infância: diálogos sobre educação** —, já foi na forma de livro dialógico. O que é que para você, Paulo, significou, dentro da tua obra, inaugurar uma série de livros dialógicos? Que diferenças você veria entre um livro que se faz a duas vozes, como este, e um livro que — como o *Pedagogia da esperança*,** que você terminou há pouco — é feito na solidão de uma cabeça apenas? O que é que significa para você retomar essa série de livros dialógicos? Na esteira do primeiro, chegamos juntos a fazer quatro. Com outros parceiros você também fez vários. Com base nessas experiências, como é que você encara essa questão do livro dialógico?

PAULO: Antes de lhe responder, e aos futuros leitores deste segundo livro que a gente inicia agora; antes de dar minha posição em face da tua pergunta do que penso sobre um livro dialógico, eu queria fazer um breve comentário que já tem um pouco a ver com a pergunta.

De vez em quando, até por causa de textos que eu estou escrevendo sem outro companheiro dialogando comigo, eu consulto alguns dos volumes que nós fizemos juntos, ou alguns dos outros livros que eu fiz junto com alguém, como, por exemplo, o *Por uma pedagogia da pergunta*,*** escrito com o [Antonio] Faundez; o livro com o Ira Shor, que por sinal tem uma repercussão muito grande nos Estados Unidos e muito boa no Brasil, *Medo e ousadia: o cotidiano do professor*;**** o

* Paulo Freire, *Sobre educação*, 4ª ed. São Paulo: Paz e Terra, 1988 [*Partir da infância: diálogos sobre educação*. 2ª ed. São Paulo: Paz e Terra, 2020].

** Paulo Freire, *Pedagogia da esperança*, 4ª ed. São Paulo: Paz e Terra, 1997 [28ª ed. São Paulo: Paz e Terra, 2021].

*** Paulo Freire e Antonio Faundez, *Por uma pedagogia da pergunta*, 3ª ed. São Paulo: Paz e Terra, 1988 [11ª ed. São Paulo: Paz e Terra, 2021].

**** Paulo Freire e Ira Shor, *Medo e ousadia: o cotidiano do professor*, 5ª ed. São Paulo: Paz e Terra, 1996 [14ª ed. São Paulo: Paz e Terra, 2021].

livro com o Donaldo Macedo, *Alfabetização: leitura do mundo, leitura da palavra?*;* o livro com você e o Moacir Gadotti, *Pedagogia: diálogo e conflito*,** que é um livro realmente bom também.

De vez em quando eu consulto um ou outro desses livros, e a experiência de consultá-los, no momento em que estou escrevendo sozinho, para evitar qualquer repetição desnecessária, essa busca que de vez em quando faço nos textos dialógicos nossos, me fez assumir duas convicções. A primeira é a de que eu preciso relê-los, todos. Eu tenho gostado de tal maneira das incursões a esses papos de oito, nove anos atrás, ou ao longo desses anos todos, eu tenho gostado de tal forma do que temos dito juntos que me obriguei — e vou cumprir essa tarefa — a reler todos esses livros, um por um, página por página... Até agora eu diria, sem nenhuma preocupação de pensar se o leitor está me achando doido ou pedante — não importa o que o leitor pense no momento —, mas eu vou fazer essa releitura também por uma questão de gostosura! *(risos)*

É que eu acho que temos dito qualquer coisa de forma elegante, de forma simples, que a mim me satisfaz. Uma segunda convicção que eu tenho, e que tem um aspecto fundamental a ser sublinhado, é a de que nenhum de nós — os que temos conversado — somos gênios. Nenhum de nós pensou jamais que esses livros dialógicos fossem obras geniais.

Mas de uma coisa eu estou convencido: são obras tão simples, sendo dialógicas, quanto o seriam se fossem escritas

---

* Paulo Freire e Donaldo Macedo, *Alfabetização: leitura do mundo, leitura da palavra*. São Paulo: Paz e Terra, 1990 [8ª ed. São Paulo: Paz e Terra, 2021].

** Paulo Freire, Moacir Gadotti e Sérgio Guimarães, *Pedagogia: diálogo e conflito*, 4ª ed. São Paulo: Cortez, 1995.

só por cada um de nós. Isso não retira desses livrinhos um valor específico, e cada um deles continua a apresentar certas contribuições — de homens simples que somos — que me convencem do desacerto de certas críticas, por exemplo, que dizem: "Paulo Freire escreveu ou falou livros apenas com companheiros, amigos, que não iam polemizar", ou "Paulo Freire, depois que escreveu a *Pedagogia do oprimido*,* nunca mais disse nada de interessante".

Veja bem, eu quero deixar bem claro para o leitor que, quando eu digo isso, não estou aqui de beicinho virado, triste, zangado, amofinado, pensando em me suicidar. *(ri)* O mundo todo pode dizer que depois da *Pedagogia do oprimido* eu não escrevi nada, e, pior, pode até dizer que nem a *Pedagogia...* disse nada; essa é outra questão. É apenas a minha certeza de que nesse conjunto de livros pequenos e leves que nós fizemos — e agora quero me referir aos nossos, aos teus e aos meus — nós dissemos alguma coisa que vale a pena ser lida.

Era com isso que eu queria começar este capítulo zero: eu queria deixar claro aos leitores que a minha posição nesse "mais um livro dialógico" não é a posição de quem se burocratizou e não resiste mais a escrever livro conversando, e não é tampouco a posição de quem quer simplesmente cumprir um dever com a editora porque tinha prometido que haveria mais de um livro. Não, eu estou de novo engajado contigo agora, aproveitando a tua passagem rápida por São Paulo, em férias de teu trabalho — sobre o qual tu vais falar — para dizer mais coisas em torno do que a gente pretendeu dizer no começo, com aquele primeiro título.

---

* Paulo Freire, *Pedagogia do oprimido*, 23ª ed. São Paulo: Paz e Terra, 1996 [76ª ed. São Paulo: Paz e Terra, 2021].

2. Nem melhores nem piores: diferentes

Paulo: Feita essa introdução, eu quase já respondi à pergunta central com que tu iniciaste este livro. Eu acho que um livro falado a dois, a três... — mais de três já começa a ser comício... *(risos)* o conversado a três, que é o livro do qual Gadotti participou, é um livro muito bom... — um livro assim, conversado com companheiros de pensamento, com companheiros de ação, com companheiros de sonho, é um livro que se justifica. Eu até diria: é um livro necessário.

E por quê? Em primeiro lugar, porque um livro dialógico explicita, põe em prática, encarna uma das nossas certezas, apesar da não certeza absoluta nas nossas certezas, que nos caracteriza. Esse livro dialógico é a expressão em prática de um dos nossos sonhos, que é o de lutar por uma sociedade em que a intercomunicação seja menos difícil. E damos o testemunho aos leitores de que é possível sentar numa tarde e conversar sobre temas importantes, ou pelo menos que nos parecem ser importantes.

Segundo: é que eu sou uma pessoa — sou e me tornei, ou me tornei e por isso estou sendo — uma pessoa muito dialogal, a presença de outro me instigando, me perguntando, discordando de mim, mas sem raiva de mim... O que me inibe nas polêmicas é a raiva que no Brasil a pessoa que polemiza tem do outro; é uma coisa que me entristece... O fato é que, para mim, como esse homem foi ficando cada vez mais dialógico — apesar da idade e por causa dela —, falar um livro significa a possibilidade enorme de, recebendo a instigação do outro, engajando-se com o pensamento do outro, produzir, de modo geral, mais do que quando eu, sozinho, escrevo.

Isso não significa que escrever sozinho ou escrever dialogando sejam excludentes. Eu passei esses alguns anos sem trabalhar dialogicamente com nenhum companheiro. Escrevi muito texto pequeno sozinho. Agora acabo de escrever um longo texto sozinho, e hoje retomo essa conversa contigo para a continuidade deste livro, absolutamente disponível. De repente, bastou que você tomasse a palavra e pusesse a pergunta em cima da mesa, para que eu me sentisse todo vida, todo estimulado a pensar. Eu não quero dizer ao leitor que estou pensando coisas bacanas, mas pelo menos eu estou pensando, estimulado a pensar vivamente, pensar rápido.

Em conclusão, para fechar a tua pergunta: eu não diria que o livro dialógico é superior ao livro que um intelectual qualquer trabalha com a minúcia de sua busca, com o rigor da sua aproximação a seu próprio objeto. Nem tampouco diria que só assim é que se faz livro. O que nós temos feito são indiscutivelmente livros que, precisamente porque resultam de uma conversa aberta, franca, fraterna, em que não há medo nem em mim nem em você, são livros que têm certa especificidade que os outros não têm. Mas essa especificidade não faz os livros dialógicos melhores nem os faz piores, nem tampouco antagônicos, mas diferentes.

Se você pegasse o *Aprendendo com a própria história* nesse momento que começamos a trabalhar o novo livro, é um livro que você poderia ter escrito, já esse primeiro, sozinho, defendendo o que significa aprender com a própria história. Eu também poderia ter escrito sozinho, falando de como eu venho aprendendo... E por que não nos juntarmos, os dois, e falarmos, os dois, sobre como ambos aprendemos com a própria história, ou de como, de modo geral, se aprende com a própria história?

3. Um baita erro: esquecer a subjetividade

Sérgio: Mas, Paulo, já aí num canto de esquina aparece alguém que diz: "Que exercício de espelhos é esse? Será que não estaríamos diante de um caso típico de vaidade, em que dois indivíduos, em vez de se preocuparem com a História, com os processos sociais, começam a se voltar para a própria história?" Como é que você poderia responder criticamente a uma observação desse tipo, apontando mais para uma forma de vaidade do que para uma forma de ação pedagógica?

Paulo: A minha primeira resposta a quem fizesse — eu sei que há quem faça — essa crítica é a de reconhecer o direito dessa pessoa de pensar e de dizer isso. A segunda posição que eu assumo diante da crítica é a de, apesar de respeitar o direito a ela, tentar desfazê-la. É a de refletir para mostrar o equívoco que está na pergunta.

Em primeiro lugar, tanto você quanto eu teríamos até formas menos trabalhosas de exercitar a nossa vaidade *(risos)*, que em certo limite é um direito e, eu até diria, um dever. Ambos teríamos formas menos cansativas de exercitar a vaidade, de inventar caminhos para que nós aparecêssemos, e que fossem diferentes e mais lucrativos até. E não o temos feito.

Em segundo lugar, eu acho que você e eu não temos também muita coisa pela qual ficar tão afoitamente vaidosos. Temos feito coisas no mundo e na vida que nos dão o direito de gozar a alegria disciplinada e bem-educada da vaidade, mas jamais da petulância, da arrogância, do cheio-de-nós-mesmos. Temos feito coisas válidas no mundo e nem por isso vivemos trombeteando essas coisas que fizemos.

Agora, em lugar de analisar isso como a expressão de uma vaidade legítima ou ilegítima, eu acho que o que deveria ser criticado em nós é se pensássemos que o que contamos em torno do que aprendemos na história fosse a própria história! Quero dizer: se você e eu estivéssemos querendo dar a impressão ao leitor de que o que estamos falando é a história principal, da realidade brasileira e da de fora também, da africana, da europeia etc., isso já não seria nem vaidade, isso seria loucura! Não, pelo contrário, no que nós estamos fazendo, na tentativa que estamos continuando hoje com este *Dialogando com a própria história*, o próprio título já nos põe no nível da necessária humildade.

Em primeiro lugar, nós estamos afirmando com esse título que ninguém aprende fora da história. Segundo: deixamos muito claro que ninguém aprende individualmente apenas. Quer dizer, nós somos socio-históricos, ou seres historicossociais e culturais, e que, por isso mesmo, o nosso aprendizado se dá na prática geral da qual fazemos parte, na prática social. Só que nós, você e eu, reconhecemos que não é possível afogar, fazer desaparecer a dimensão individual de cada sujeito histórico que se experimenta socialmente. Nós, Sérgio Guimarães e Paulo Freire, temos algo na nossa individualidade que faz com que sejamos Sérgio e Paulo, e ninguém mais pode ser Sérgio Guimarães e Paulo Freire a não ser nós dois. Esquecer essa subjetividade, não reconhecer o papel dela no aprendizado da história — e, mais do que no aprendizado, na feitura da história inclusive, afinal é fazendo a história que a gente aprende a história —, esquecer isso, esquecer o papel, nisso, da consciência — como eu já saliento desde a *Pedagogia do oprimido* e agora saliento de novo na *Pedagogia da esperança* —, esquecer isso é que é cometer, para mim, um baita erro, um imenso erro, que foi o erro do mecanicismo marxista.

Quando eu digo "do mecanicismo marxista", embora reconhecendo que Marx teve sua culpa nesse mecanicismo, penso que ele não era, porém, o responsável absoluto pelo mecanicismo. Afinal de contas, eu acho que em Marx você descobre, sem nenhuma dificuldade, os dois Marx num Marx. Você descobre também o Marx crítico, o Marx não mecanicista, o Marx dialético, o Marx que não aceita que o amanhã é um tempo inexorável. Há um Marx que diz que o amanhã não é inexorável, que a gente tem é que fazer esse amanhã. Ora, por tudo isso, Sérgio, eu estou convencido de que, se houver um dia essa crítica a que você se referiu, apesar de ser a expressão de um direito de um leitor ou de um escritor que também lê, é uma crítica equivocada.

4. "Fala com outros, para que não enlouqueças!"

SÉRGIO: O que eu gostaria de acrescentar, antes que a gente terminasse esse capítulo zero, é que...

PAULO: Eu estou achando esse capítulo zero tão gostoso que eu penso que a gente não deve terminá-lo agora. Talvez a gente tenha mais coisas a dizer nele...

SÉRGIO: Está bem. Em vez de zero, podemos transformá-lo até em "capítulo meio", não é? O objetivo nosso, a meu ver, ao fazermos um livro como este, é o de provocar, estimular, cutucar a leitora, o leitor, a que façam esse exercício, que examinem a própria história, que procurem rever as próprias ações, as próprias reflexões, o seu próprio ser num espaço-tempo determinado.

A ideia é estimulá-los a examinar, a esmiuçar, a desocultar aspectos que ainda não tenham sido vistos, lembrados, e que poderiam não apenas explicar a evolução do que aconteceu depois da própria ação, mas também facilitar o próprio avanço, a partir do momento em que a consciência, a reflexão se dá, e que pode se traduzir numa outra ação.

Ao fazermos juntos uma reflexão sobre fatos, momentos, situações-limite da própria história, o objetivo é o de estarmos demonstrando, dando um exemplo — bom ou mau, mas um exemplo — que poderá ser seguido por aqueles que nos lerem: professores, alunos, profissionais dos meios de comunicação ou de qualquer outro setor social. Desde que a pessoa possa ler, ela pode ir exercitando essa capacidade. Estou convencido de que isso só poderá ajudá-la a melhorar o seu fazer, o seu agir de forma refletida, dentro da história da sua família, do seu grupo, do seu povo, da sua época. Dentro da humanidade.

Nesse sentido, o livro é um convite a uma reflexão, a um diálogo — ou a um monólogo, se não houver ninguém por perto, mas se houver alguém, de preferência um diálogo — que o leitor ou a leitora possa fazer no dia a dia, com sua mulher ou seu marido, seus filhos, seu pai, sua mãe, seu patrão, seu empregado, ou com outras pessoas, para que se avance, aprendendo com a própria história.

PAULO: Exato. Eu concordo inteiramente com o que você diz, e até junto uma outra coisa sobre a qual você falou ontem, quando nós apenas conversávamos sobre como poderíamos trabalhar hoje, coisa que a gente se acostumou a fazer durante toda essa experiência. É algo que tem a ver com a questão da compreensão profunda da linguagem. Da linguagem como invenção do homem, e não individual.

O fato é que nunca houve um homem ou uma mulher que tivesse inventado a linguagem e depois tivesse saído feito um louco, de terra em terra, ensinando aquela invenção. Não, os homens e as mulheres, ao longo dessa não pequena expe riência histórica, na medida em que prolongaram o seu corpo com instrumentos que fabricaram, atuaram, intervieram num mundo que eles não tinham feito. É essa experiência de mudar, de alterar no mínimo pormenor — um buraco que se faz, para se obter água —, é essa intervenção sobre a realidade, antes que homens e mulheres falassem, que eu costumo simbolicamente chamar de "escrever o mundo". Tomo isso como uma forma de escritura. Nesse sentido, a escritura precede a leitura, como a palavra oral precede a escrita. Mas, paradoxalmente, a transformação do mundo, que eu chamo de escrita, precede tudo.

SÉRGIO: Ou seja, um objeto de pedra, que o homem um dia se dá conta de que pode cortar um pedaço de madeira, vira machado. O gesto de cortar já é uma forma de esse homem começar a escrever o mundo.

PAULO: Exato. E precisamente porque nos fizemos capazes — não éramos, nos tornamos — de fazer essa escrita do mundo, através do prolongamento ou da extensão do corpo com o machado, por exemplo; porque nos tornamos capazes de fazer isso e, portanto, na minha compreensão, escrever o mundo, é que nos tornamos capazes de ler o que escrevemos. A fala, afinal, emerge como a resposta necessária ao que homens e mulheres começavam a fazer sobre o mundo. Foi primeiro fazendo ou escrevendo esse mundo que nos tornamos capazes de falar sobre o que fizemos...

SÉRGIO: E esculpir depois, na medida em que a escrita aparece também como forma de escultura, em baixo-relevo...

PAULO: É claro! Antes possivelmente até de falar, nós escrevemos também através da pintura, que simbolizava os nossos medos, as nossas frustrações. Falo das pinturas que se encontram hoje nas cavernas antigas, por exemplo.

Isso significa que, homens e mulheres, nos tornamos seres indissociáveis da oralidade sobre o fazer e da escrita que fixa a oralidade. Então, escrever e ler são absolutamente, necessariamente interligados, conjugados. Segundo: a oralidade precede e é simultânea à escrita. Vale dizer que não é possível escrever sem orar, orar não no sentido religioso. Não é possível escrever sem falar; assim como a escrita é a fala que se fixa, a oralidade é a escrita que não se fez.

O escritor não pode prescindir da oralidade, como o camponês. O escritor é preponderantemente gráfico, o camponês analfabeto é exclusivamente oral.

Mas você dizia ontem, nesse papo informal, alguma coisa muito interessante, muito forte, sobre a questão da morte, por exemplo. O silêncio, o enclausuramento de um ser dentro dele mesmo, a incomunicabilidade como morte, a comunicabilidade como uma possibilidade de expressão de vida, e de invenção da vida, e de criação da vida.

Pois bem, eu acho que esses nossos livros dialógicos são também uma tentativa de sugestão a estudantes, a professoras e professores nossos, a nós todos brasileiros, cuja experiência histórica tem-nos ensinado muito mais o silêncio do que a voz, tem-nos ensinado muito mais o barulho, a algazarra, do que o discurso coerente, do que o discurso consistente, que muda o mundo, ou que anuncia, que antecipa a mudança do mundo.

Acho que o testemunho que nós damos é um testemunho simples, humilde. Ninguém pense que eu penso que isso é uma coisa extraordinária! Não, é um testemunho que tem seus limites, suas carências, suas necessidades; mas é como se ele dissesse, como livro, como totalidade: "Fala com outros, para que não enlouqueças!"

5. Uma entrevista com Piaget e as arapucas da memória

SÉRGIO: Essa busca na memória, esse passeio curioso, disciplinado, prazeroso, é, com o passar do tempo, um passeio que nos mostra determinadas erosões. Como a terra muda, a memória também sofre variações, erosões, lapsos, fissuras. Quanto mais o tempo passa, às vezes, maiores as fissuras. Já, às vezes, por mais que o tempo passe, a nitidez das imagens e dos sons de certos momentos da própria história continua intacta.

Nesse exercício que a gente faz, nós estamos sujeitos a todas essas oscilações, erosões da memória: os esqueceres, os não lembrares, os "já não sei o nome", "já não sei onde". Tudo isso, de um lado, tira talvez o encadeamento, a compreensão maior de um determinado episódio; mas, de outro, por ser um fenômeno histórico também a que nós estamos sujeitos — tanto quanto a pausa faz parte da música, como a nota —, faz parte desse rever a própria história.

Nesse período da vida, o que é que você tem a dizer a respeito das falhas de memória, dessas manias que a memória tem, dessas armadilhas que o cérebro já começa a nos colocar, nos fazendo trocar nomes, esquecer lugares, confundir pessoas?

PAULO: Eu agora me lembro de quando, morando em Genebra nos anos 1970, durante o meu exílio, eu assisti uma noite na televisão, creio que no canal francês, a uma entrevista linda com [Jean] Piaget. Não me lembro mais quem o entrevistava... já agora começam os "já não me lembro"... possivelmente alguém que não tinha a projeção sequer parecida com a de Piaget e que entrevistava um homem que era uma presença de tal maneira lúcida no mundo que a minha tendência é fixar Piaget.

Mas, na conversa entre os dois, em certo momento a questão da memória aparece, a memória enquanto essa memória de que nós falamos, e não do fenômeno *memorizar.* E ele falava — com um riso no canto do lábio, com aquela cara bonita que ele tinha, com seu cachimbo — e advertia os memorialistas das traições da memória, das armadilhas que a memória cria. E chegou a dar um exemplo com ele mesmo, em torno da memória de um determinado momento da sua primeira infância, que ficou marcado nele, e que não era verdadeiro.

Eu teria duas coisas para falar, respondendo à tua inquietação. A primeira é esta, e eu te confesso, hoje eu dou graças a Deus de ter ouvido e visto o Piaget fazendo aqueles comentários. Toda vez que eu falo do que houve comigo — sobretudo quando esse "do que houve" se afasta demasiado no tempo da minha existência — eu tenho o máximo cuidado de me certificar se o que falo é uma invenção atual, é uma gostosura atual que eu tento inconscientemente encarnar como algo que se deu. Por isso mesmo, e na advertência de Piaget se encontrava isso, eu acho que quem faz memórias deve ter muito cuidado para não acreditar 100% em que tudo de que fala se deu. No fundo, alguns momentos das memórias são ficções. Mas são ficções que poderiam ter sido realidade.

Segundo: agora, por exemplo, quando eu escrevi a *Pedagogia da esperança*, que é um livro profundamente memorialístico; em certo momento, ele é a minha memória explicando a feitura da *Pedagogia do oprimido*, o que eu chamei de *tramas*. Tramas que anunciavam alguma coisa cujo título eu não tinha ainda, que era a *Pedagogia do oprimido*. Em outro momento, o último do livro, eu falo das tramas das quais a *Pedagogia do oprimido* passou a ser o centro. Agora, por ser a *Pedagogia do oprimido* um livro que eu escrevi e, pela independência que a obra sempre toma em relação ao criador, ele é hoje um livro e, portanto, uma vida em si. A *Pedagogia do oprimido* não me pede licença para coisíssima nenhuma; é traduzida em várias línguas, e eu só sei porque às vezes os tradutores ou os editores me pedem licença. Em outras, não, nunca me pediram e nunca me pagam.

Mas ao mesmo tempo que a *Pedagogia do oprimido* ganha a sua autonomia, eu dizia, como qualquer obra, ela, ao ser o sujeito ou a figura central das tramas que eu descrevo, ela me põe também, como seu autor, no nível de sujeito também das próprias tramas. Então, a última parte da *Pedagogia da esperança* é aquela em que eu não apenas falo das viagens que a *Pedagogia do oprimido* — como se fosse meu agente — propicia que eu vá, a centros como Nova Zelândia, como Fiji, no Pacífico Sul, como Bolívia, Argentina, não importa... Ela trama tudo isso, mas eu passo a ser, como pessoa viva, o intelectual criador do livro, eu sou também sujeito da trama.

O processo de escrever sobre isso foi um processo de rememorar enorme, intenso. Você mesmo me ajudou, na última vez que passou por aqui, com relação a uns três, quatro nomes de gente que era fundamental! Se você não me dissesse: fulano de tal, sicrano, beltrano, eu teria prejudicado... Não importa que os leitores brasileiros não saibam quem são aquelas pessoas; no momento de escrever, deixar de nomeá-las era uma lástima da minha memória.

Mas quando eu fazia esse livro, o *Pedagogia da esperança*, ao qual me entreguei realmente com uma paixão enorme, com um amor enorme, com meu corpo inteiro, sentimentos, tristezas, mágoas, competência, incompetência, memória, esquecimento, razão, crítica... Quando eu trabalhei todos os meses nesse livro, eu me defrontei (foi não foi) com esses lapsos. Mas eu estava de certa maneira preparado para eles, e isso não dava em mim... quando eu passava, por exemplo, quinze, vinte minutos à procura de um pormenor lúcido que explicasse melhor o fato que estava narrando eu não ficava amofinado, nem dizendo a mim mesmo: "Será que é a velhice que se aproxima de mim?" Pelo contrário, eu dizia sorrindo: "É mais uma arapuca da memória!", e continuava buscando.

Então, esse estado de espírito de advertência diante da possibilidade de que a história fuja, de que o fato que se deu desapareça da memória, e eu ponha algo que não se deu no lugar dele, me ajudou enormemente! E eu cheguei a um momento da escrita do livro em que a experiência da rememoração funcionou como a possibilidade da produção de um conhecimento novo. Não apenas eu pegava o que ocorreu, mas, ao perceber agora, no esforço da memória, como aquilo ocorreu, eu fazia a percepção daquela percepção anterior. E a percepção nova com que eu percebia o antigo me ensinava coisas que eu não sabia quando primeiro percebi.

Fazer memórias é um pouco recriar o que foi feito. É preciso apenas que quem faz essa memória trace determinados limites, para que não saia de uma memória que é também um ensaio de interpretação. Isso é outra coisa que eu experimentei no livro: eu não apenas tentava me lembrar da circunstância em que o fato se deu, mas eu tentava interpretar, tão rigorosamente quanto eu pudesse, um fato que se deu quarenta anos atrás. Por exemplo, quando eu cito aquela história linda do operário em Casa Amarela, num círculo de pais e professores em que eu falara sobre Piaget e o código moral da criança...* E, no fim, de todo o meu discurso lindo, ele fez um discurso exemplar, que eu guardo hoje ainda na minha memória. Um discurso totalmente ordenado, organizado, em que ele me deu a maior lição que eu, como educador, recebi até hoje. Foi a lição de um educador semianalfabeto, de um intelectual semianalfabeto que, segundo eu digo no recente livro, morreu roído da tuberculose. Pois bem: quando eu contei a história do discurso, eu tentei, hoje, distante — ganhando essa distância epistemológica de que a gente precisa —, eu tentei compreender a razão de ser científica do discurso dele e do meu espanto diante do discurso. O meu espanto, no fundo, era um espanto de classe. Se aquele discurso tivesse sido feito por um colega meu universitário, eu teria discordado do meu colega, mas eu não teria me espantado com a lucidez com que ele me reeducou.

Não sei se respondi bem à tua pergunta, mas eu acho que esse é um dos méritos desse trabalho nosso.

6. O direito à memória e a geração da cara pintada

Sérgio: Respondeu, mas eu queria acrescentar a isso que você está dizendo sobre a memória a percepção que eu tenho, sempre muito desagradável, de estar diante de pessoas que correm o risco de ser sujeitos sem memória. O que significa, como gravidade, como alienação do próprio sujeito, e como redução do sujeito a uma condição de impossibilidade de reagir, o fato de não poder ter acesso, de não ter direito à própria memória.

---

* Cf. Paulo Freire, *Pedagogia da esperança*, 1ª ed. São Paulo: Paz e Terra, 1992, pp. 24-28 [28ª ed. São Paulo: Paz e Terra, 2021, pp. 34-38].

Ora, o que eu vejo do ponto de vista de um indivíduo me parece acontecer também às vezes na memória de todo um povo, a quem é negado — por uma série de recursos, de censuras, de boicotes — o direito de conhecer, de saber do seu passado, de saber de onde veio esse processo todo: eu, como povo, de onde vim, o que é que me trouxe a isso etc. Não será uma ação deliberada de determinadas elites a de cercear ao indivíduo, a um grupo, a um povo, o acesso às fontes da memória, para melhor poder manipulá-los?

PAULO: Claro! Eu não tenho dúvida nenhuma disso. Nesse ponto é bom fazer um parêntese e dizer uma coisa que eu acabo de escrever num outro livro que estou fazendo. Eu acho que nem toda vez os representantes das classes dominantes se reúnem, por exemplo, num edifício aqui da avenida Paulista, em São Paulo, para programar certas ocultações de verdades que a classe popular não deve saber, no sentido de melhor ser dominada, como tu dizias. Quase sempre não há isso. É claro que os intelectuais que trabalham para as classes dominantes se encarregam muito de fazer preparos para a ocultação da verdade. *(ri)* Mas o que acontece aí nisso de que tu falaste é que a tarefeira dessa ocultação é a ideologia, propriamente. O papel fundamental da ideologia dominante é ocultar verdades que, desveladas, desnudas, criam dificuldades às classes dominantes. Na medida em que há uma eficácia na ocultação, há um resultado imediato, que é a falta de memória. No fundo, não é nem a falta de memória, é a inexistência da possibilidade de se ter memória, como tu dizias.

É quando a massa popular não sabe bem quem foi, quem eram as pessoas responsáveis por uma série de desmandos que houve, por exemplo — tomemos um momento mais recente —, durante a ditadura militar. É preciso ver que é também um mecanismo de medo que dificulta a memória. Como uma tentativa de defesa, você se esquece, ou melhor, você deixa de querer conhecer. E aí, então, você esquece o que aconteceu porque nem sequer sabe o que aconteceu.

Uma coisa que me encanta neste país hoje é ver como a geração jovem, até a infantil, veio até as praças públicas e pintou suas caras e chamou a si mesma de "geração da cara pintada". A geração jovem que não sabe, por exemplo, se você perguntar a uma grande parte, quem é Celso Furtado, quem foi Sambaqui, quem foi Paulo de Tarso, o ministro, quem foi Paulo Freire em 1963. Possivelmente, muitos deles não sabem, porque viveram uma experiência de escolarização em que isso tudo era proibido de ser memorizado, de ser sabido.

Mas, de repente... e nisso você veja como o ser humano é um ser misterioso; apesar de toda a má educação, não no sentido comum disso, apesar da alienação e da ocultação da verdade que essa juventude experimentou, que os seus pais experimentaram durante os anos da ditadura e eles estão experimentando na continuidade de certos hábitos antidemocráticos; apesar de tudo isso, na medida em que o clima cultural e histórico do Brasil hoje é um clima em que o gosto da liberdade floresce forte, em razão mesmo da ausência desse gosto, proibido que foi na ditadura — você vê que é dialético isso! , essa geração, sem mestres, veio para a praça pública, agora para o *impeachment* do presidente, sem estar liderada por partido nenhum. Pelo contrário, veio sem partido, veio sem uma liderança sistemática e autoritária, veio feliz e contente. Viva a felicidade! — digo eu agora. Ela veio sem medo de ser feliz. Pintou a cara, cantou e disse... uma das meninas que a televisão entrevistou na rua, uma adolescente de talvez — eu calculei, pela imagem dela — treze, doze anos, no dia do *impeachment*, ela com os olhos cheios d'água, enquanto gritava, enquanto cantava, disse uma frase que eu vou te dizer agora, porque eu a memorizei totalmente. Só essa frase é o espelho de um momento histórico feliz deste país, que me orgulha, que te orgulha, que nos orgulha. Eu acabo de citar essa frase na Europa, nos Estados Unidos, em seminários universitários, criticando a crítica que o Primeiro Mundo nos faz. A menina, a adolescente, simplesmente disse o seguinte: "Assim como fomos capazes de pôr um presidente para fora, seremos capazes de nunca mais deixar que a vergonha deixe este país!" Isso é uma frase de peso! Isso é um pedaço da história deste país!

7. A utopia, o sonho e a pedagogia de hoje

Paulo: Agora você veja: outro dia eu conversava com Nita, minha mulher, e comparava os processos históricos e as posições nesses processos históricos. Em 1964, por exemplo, as moças, as jovens progressistas, de esquerda deste país, com quem eu — não mais com dezoito anos, mas com mais de quarenta — convivia, em primeiro lugar só podiam ter uma calça *jeans*, porque ter duas era aproximar-se demasiado da burguesia; segundo, não podiam pintar a cara nem podiam ser felizes, porque papel de revolucionária era ser triste, feia e chata. Você veja que isso era uma concepção autoritária, stalinista, deformada, que não podia continuar, que teria que findar. E findou!

Mas o que não findou foi o sonho socialista, para mim. Esse está, pelo menos em mim, mais vivo do que antes, renegando o discurso neoliberal, pseudamente chamado de pós-moderno e, às vezes, erradamente de moderno. Esse discurso que anuncia que a utopia e o sonho não têm sentido, e que não dá mais para continuar a falar na necessidade de distribuição da riqueza, porque a riqueza é produzida por uma dúzia de gente competente e inteligente; que deixemos essa gente competente produzir a riqueza e que, quando chegar um dia a possibilidade de distribuí-la, então se distribui; e que, se continuarmos a falar na necessidade ética, democrática, de distribuir essa riqueza — o que é uma desgraça, do ponto de vista neoliberal! —, de amenizar a dor dos outros, que se continuarmos a fazer esse discurso, vamos atrapalhar os produtivos, e com isso vamos obstaculizar a vida!

Isso tudo é uma mentira, isso tudo é a ocultação, isso tudo é um meio de que se lança mão para que a memória não se constitua. Eu acho então que um dos deveres de uma pós-modernidade progressista em educação é exatamente continuar a ser utópico e a ter sonhos; continuar a gritar, a brigar, a lutar pela desocultação, pelo desvelamento. A pedagogia de hoje deve ser mais crítica, mais fundamentadamente crítica do que a que eu propus em 1960. No fundo, deveria ser uma pedagogia que preencheria os buracos em que a memória, dos fatos, não foi fixada.

Eu concordo contigo, eu acho que uma pedagogia que lute pelo processo de libertação, que não o tema, é uma pedagogia que daria ênfase à linguagem, à compreensão do fenômeno linguístico e, em seguida a ele, à compreensão do que se chama "língua nacional", à compreensão da diferença de sintaxe dentro de um mesmo sítio histórico, social e geográfico. Seria uma pedagogia que daria força à compreensão crítica da história, de como a história se move e nos move, se faz e nos faz e refaz. Seria uma pedagogia que, por isso mesmo, se preocuparia com a claridade histórica, não a desvincularia da geografia, do contexto geográfico. Seria uma pedagogia que discutiria a metodologia científica da aproximação aos fatos reais para melhor entendê-los, mas negaria sistematicamente o cientificismo, na busca da cientificidade. Seria uma pedagogia que enfatizaria a boniteza, o estético da vida e o ético, fundamentalmente. Uma pedagogia que não separaria o cognitivo do artístico...

SÉRGIO: ... do afetivo.

PAULO: ... do afetivo, do sentimental, do apaixonante, do desejo! Quer dizer: uma pedagogia que não dicotomizaria o ser humano, que pegaria o ser humano na sua totalidade e, portanto, memória, criação, participação de corpo e alma nas coisas, capacidade de amar, de ter raiva, de brigar e de apaziguar. No fundo, uma pedagogia que pregasse a não certeza nas certezas.

SÉRGIO: Mas essa pedagogia toda, que você de certa forma coloca no condicional, já é uma pedagogia presente! Ela pode não estar na sua plenitude, mas já se anuncia por inúmeros índices...

PAULO: Concordo!

SÉRGIO: ... na medida em que milhares de pessoas, de professores, de profissionais diversos já estão pondo em prática e refletindo sobre essa questão. Nós não somos os primeiros e nem seremos os últimos a refletir e a falar sobre ela. Milhares, talvez milhões de pessoas pelo mundo afora, em formas e com intensidades diferentes, já estão adquirindo o domínio dessas novas maneiras de aprender, dessas formas outras de abordar o mundo, de avançar, de conhecer, de lutar. Inclusive incorporando já um aspecto, digamos, mais lúdico, que a velha didática, a velha concepção de educação — ou de deseducação —, praticamente abolia; a velha educação sempre condicionada ao sofrer, ao penar, ao castigo, à punição.

Hoje você já pode desmontar, num certo sentido, tudo isso e dizer: "Mas por que é que eu preciso sofrer dessa maneira para aprender a geografia do mundo? Por que eu tenho que suar frio diante de um professor porque eu não sei o nome das capitais? Não, eu tenho outras maneiras!" E aí, a meu ver, a nova tecnologia também ajudou muito, permitindo que os meios de comunicação — como recursos alternativos de filmar, de fotografar, de fazer videotexto, de botar em computador, por exemplo — facilitassem o contato entre os indivíduos e a matéria a ser conhecida. E tudo isso tornando possível que, sofrendo menos, o indivíduo avance mais!

O que há é que nós ainda estamos num mundo em transição — e sempre haverá alguém que dirá que nós estamos eternamente, desde que o homem é homem, em transição — entre um ou vários sistemas de dominação, de manipulação das pessoas e das coisas, que resistem ferozmente à emergência de um outro mundo com pessoas diferentes, que vivam sem pisar nos outros, mais fraternas, mais humanas, mais alegres e mais felizes!

E é justamente por causa dessa resistência que eu sinto a necessidade de continuar essa luta, buscando na memória, como nós estamos fazendo, e agindo em consequência, na prática, de maneira que essas gerações já e as próximas gerações conheçam, aprendam a fazer um mundo melhor, para elas, para seus filhos e para todas as pessoas. Claro que eu estou sonhando! Se um cientista laboratorista viesse aqui e dissesse: "Mas como é que o senhor prova que tudo isso é verdade?", eu não teria provas materiais de algo que ainda não aconteceu. Mas quanto mais não seja nos nossos sonhos, que se transformam em projetos e em ações, nós temos condições de avançar.

Para terminar, eu só gostaria de ressaltar que este capítulo, que começou como número zero, acabou saindo um zero meio grande, não?

8. Todo um movimento, atrás das cortinas dos livros

Paulo: É, mas eu concordo com tudo o que disseste, e acrescentaria o seguinte: este sonho pedagógico está já aí, realmente, como você dizia. E se alguém lhe dissesse, com cientificismo, não cientificidade: "Mostre algumas coisas concretas", você poderia dizer: "Olha, para ser humilde, eu falo só um pouquinho do Brasil. Os meninos nas ruas, de caras pintadas, fazendo o *impeachment* do presidente da República!" Isso mostra uma qualidade da história já totalmente diferente, uma qualidade que foi acrescida à já extraordinária história do movimento das Diretas Já.

Mas eu diria também que essa compreensão da pedagogia e da política está aí em dois planos. De um lado, ela está sendo concretizada, vivida, experimentada, não em toda a sua extensão, mas vivida e experimentada em dimensões fundamentais. Por exemplo, o que nós fizemos durante o governo de [Luiza] Erundina foi isso. Na Secretaria Municipal da Educação de São Paulo, centralmente foi isso. Segundo: esse sonho pedagógico está sendo discutido, vivido, debatido, criticado, posto em papel, em diferentes partes do mundo, através dos escritos de *scholars* — nos Estados Unidos, no Canadá, na Europa, por exemplo — que defendem essa pedagogia.

Veja o [Georges] Snyders, por exemplo, um pedagogo de formação marxista que tem entregado a vida inteira a uma pedagogia crítica geradora de riso! Não uma pedagogia irresponsável, mas uma pedagogia crítica, que propõe, porém, uma experiência de contentamento no processo de conhecer, de estudar e de ensinar. Agorinha, enquanto trabalhávamos, eu recebi um pacote da Paz e Terra, com o último texto de Snyders, traduzido para o português, para que eu escreva um prefácio. O Snyders me mandou esse texto dele em francês, e eu então o encaminhei à Paz e Terra, sugerindo que fosse publicado. O título do livro é *Alunos felizes: reflexões sobre a alegria na escola, a partir de textos literários.** O Snyders é um campeão da alegria, e nem por isso a sua proposta pedagógica é frouxa e espontaneísta.

Nos Estados Unidos, você tem toda uma corrente do que eles vêm chamando de pedagogia crítica — às vezes de pedagogia radical —, com *scholars* como Henry Giroux, que é um dos expoentes, o Michael Apple, o Donaldo Macedo, o Stanley Aronowitz, o Peter McLaren... No Canadá, na Europa também, essa pedagogia de que tu falastes não está apenas em anúncio.

SÉRGIO: O que eu queria salientar em relação a isso, Paulo, é que, se há tantos intelectuais, pensadores, homens do acabamento das ideias e da sua publicação; se esses homens estão trabalhando, é porque há junto com eles, atrás das cortinas dos livros, todo um movimento, todo um conjunto de pessoas, de professores, de alunos, de profissionais de diferentes áreas atuando, já mudando a própria mentalidade, e mudando o mundo, não é?

PAULO: Exato! A coisa no fundo é dialética. Em certos momentos, é o intelectual que dá o primeiro chute, e é tido como louco, por exemplo. É o chamado utópico, o profeta!

---

* Georges Snyders, *Alunos felizes: reflexões sobre a alegria na escola, a partir de textos literários*, 2ª ed. São Paulo: Paz e Terra, 1996.

Mas, no meu entender, não há utópico, não há profeta que não esteja profundamente ligado ao real e ao concreto. O profeta só é profeta, só fala do amanhã que a média da gente não percebe nem adivinha, porque ele conhece ou está empapado do hoje. No hoje, existem os momentos do amanhã. Por outro lado, o amanhã, concretizando-se já, provoca um sem-número de intelectuais, de *scholars* que, em certo sentido, mas menos que os profetas, começam a tocar na possibilidade desse amanhã. Mas eu concordo contigo: em qualquer dessas hipóteses o que eu quero dizer é que há ingredientes do que pode vir a ser, sem os quais elas não seriam faladas.

I
Ainda o Chile, os Estados Unidos e o Brasil

1. Momento decisivo: uma reunião de família

Sérgio: Todo esse caminho que nós acabamos de fazer, nas curvas do capítulo zero, afinal, foi-nos pondo no hoje. Eu gostaria de voltar um pouco para o ontem e de começar o trajeto do livro, pela memória, voltando ao período em que nós deixamos os leitores em *Aprendendo com a própria história*: você com saudades do Recife, a passagem pelo México, encontros com o [Ivan] Illich e com o [Erich] Fromm, mas sobretudo a tua transição do Chile para os Estados Unidos.

Sem cair na tentação focalista do real, do vivido, eu gostaria de focalizar a atenção um pouco nesse período, nessa situação-limite em que você percebe que as tuas relações com o Chile já se anunciavam relações de saída, pelo menos física. O que é que ficou na tua memória, ao rever esse período aí?

Paulo: A revisão, do ponto de vista da presença no Chile e da saída do Chile, eu acho que posso dela prescindir, porque fui muito explícito na *Pedagogia da esperança*. Mas o que não está na *Pedagogia da esperança*, e eu acho que nem está também no livro anterior a esse trabalho que nós estamos construindo hoje, é, por exemplo, o que significou afetivamente, num primeiro momento, do ponto de vista das expectativas, dos receios, quando aceitei o convite da Universidade de Harvard, em 1969, e marchei para os Estados Unidos.

Não sei, inclusive, se já o disse em algum livro, e deixo à tua pesquisa e à tua memória, para saber se disse. Se disse, aí tu estás autorizado a suprimir...

SÉRGIO: ou a manter...

PAULO: ... ou a manter, não? Não sei se falei já, por exemplo, de quando, com os convites nas mãos, no começo de 1969, no Chile, já discutindo com Elza a possibilidade de sair do Chile — não de abandonar o Chile, do ponto de vista do meu querer bem, mas de sair do Chile —, eu tinha convites dos Estados Unidos, tinha consultas do Canadá e tinha consulta do Conselho Mundial das Igrejas, de Genebra, e me lembro de que discutia com Elza a possibilidade de aceitar uma dessas hipóteses.

E é exatamente um momento dessas conversas que eu gostaria de contar agora, submetendo-o à tua memória. É um momento da minha vida que continua hoje a ser aceito por mim, a ser assumido por mim, e que eu, por isso mesmo, não renego, e que pode ser considerado por algum pai e alguma mãe — que eu consideraria tradicionalistas e autoritários — como um exemplo de irresponsabilidade paterna e materna. *(ri)*

E a história é a seguinte, que para mim revela a confiança que tínhamos, Elza e eu, nas filhas, a confiança que tínhamos Elza e eu no que propúnhamos como pedagogia e como política...

SÉRGIO: Você falou nas filhas. E os filhos?

PAULO: Eu só não incluí os dois filhos porque, apesar de eles entrarem nisso, *a priori* nós já sabíamos qual seria a resposta deles. E agora eu conto o fato. Quando decidimos que sairíamos e trocamos cartas com Harvard e com o Conselho Mundial das Igrejas fazendo uma contraproposta, chegou o momento de consultar sobretudo as filhas. Mas incluímos os filhos, porque seria um erro discriminá-los e não pô-los nessa reunião, a qual considero um momento decisivo na coerência de nossa proposta pedagógica.

A Madalena já havia casado e já estava morando no Brasil, mas as duas meninas que estavam lá, Fátima e Cristina, e os dois meninos, Joaquim e Lut — os quatro hoje mulheres e homens —, as duas meninas tinham os seus namorados chilenos. E nós sabíamos que noventa e tantos por cento de possibilidade seriam para que os namoros acabassem. Mas, para Elza e para mim, eram os namorados das filhas, eram os amores delas. Então, conversando com Elza, acertamos a realização de uma reunião de família para discutir quem queria ficar no Chile e quem queria nos acompanhar. Elza achou uma ideia muito boa, porque assim não seria um arbítrio de nossa parte dizer às duas meninas — uma com dezesseis, a outra com dezessete, por aí, eu posso estar cometendo algum erro pequeno — de impor a elas, em nome do poder de nossa autoridade, que se consubstanciava sobretudo pela fraqueza delas do ponto de vista de não se poderem manter. A incompetência econômica cortaria evidentemente o poder delas. E aí eu dizia para Elza: "Nesse caso, nós temos que convidar os namorados, porque eles não são necessariamente noivos, não vão necessariamente casar, mas no momento eles são os amores das nossas filhas." Elza concordou inteiramente, e nós marcamos a reunião para uma quarta-feira à noite.

E chegaram os dois jovens. Estávamos em casa os seis: Elza e eu, Joaquim e Lut, Cristina e Fátima. Eu abri a sessão, coloquei o objetivo da reunião *(risos)* e disse que era uma reunião familiar para decidir quem queria vir conosco, quem não queria, e em que bases a decisão seria posta em prática. Eu me lembro de que adverti os jovens do seguinte: "Eu queria dizer a vocês dois que o fato de chamá-los aqui para uma reunião séria — isso não é uma reunião de brincadeira — não significa, de longe sequer, que Elza e eu estejamos pressionando vocês para casarem com nossas filhas. Nós não fazemos pressão nenhuma para não casarem, e nenhuma pressão para casarem. Aqui se trata apenas do nosso respeito à afetividade de nossas filhas, ao direito que elas têm de amar, e à liberdade que elas devem ter — contida nos limites éticos sem os quais a liberdade não se constitui — de amar. E, como vocês são os dois amores delas duas hoje, nós achamos que não poderíamos tratar um tema tão sério e tão importante quanto o da nossa saída do país sem ouvi-los também. Essa é a explicação, mas não vão dizer em casa que Paulo Freire e dona Elza Freire estão querendo forçar a barra, porque nós não estamos querendo. Juramos que não queremos! Até que eu diria a vocês uma coisa meio antipática: eu nem sequer acredito que isso vá para a frente."

SÉRGIO: *(ri)* E qual foi a reação deles?

PAULO: Eles riram, ficaram inicialmente tímidos, mas em seguida disseram que entendiam e que nos elogiavam com aquele procedimento que eles jamais esperavam dentro de suas tradições. E aí então começou a reunião. Os primeiros que falaram, é interessante, foram os meninos. E era óbvio que eles dissessem o que disseram. Disseram imediatamente que queriam nos acompanhar aos Estados Unidos. Evidentemente, um tinha nove e o outro tinha dez. Eles estavam então em idade de uma necessidade ainda profunda do apoio e da presença paterna e materna. Como pré-adolescentes — mesmo se fossem rebeldes, que não eram —, não tinham por que querer a ruptura do seu ambiente familiar. Pois bem: eles descartaram qualquer possibilidade de permanecerem em Santiago, o que, na verdade, teria sido muito difícil para nós se eles tivessem tomado a decisão de ficar.

A segunda manifestação foi das filhas. Elas falaram quase simultaneamente e decidiram que ficariam. Uma estava estudando e a outra tinha começado a trabalhar, como telefonista, numa firma de engenharia. O que é interessante, num parêntese: dias antes de a gente se mudar para os Estados Unidos, o engenheiro chefe de Fátima descobriu quem era o pai dela e me procurou, me visitou, para dizer do seu espanto de que uma filha minha pudesse ser telefonista. Você veja, Sérgio, a questão da classe social! Ele estava com vergonha, disse ele a mim, de que tivesse uma de suas funcionárias menos qualificadas — hoje uma grande educadora! — filha minha, que não estava certo isso.

Mas o fato é que as duas decidiram ficar, e a partir daí se discutiu: ficar onde? E a posição dos dois jovens era bem interessante, porque era de uma preocupação ética machista muito forte. E aí eles falaram antes delas, e disseram que a opinião deles é que elas deviam ficar em um quarto alugado, não numa pensão, mas numa casa de família que fosse reconhecida como uma casa de gostosura ética, quer dizer, uma casa de bons comportamentos! Elas concordaram, nós também, e ficou um ponto mais ou menos pacífico. Caberia a nós, conjuntamente, procurar a casa e escolher. Ficou acertado que Elza e eu conversaríamos com a dona da casa, para que ela soubesse que se tratava de uma família séria, direita *(risos)*, e que as meninas não iam dar problema para ela.

Segundo se discutiu — o que era fundamental — a questão da sobrevivência, e ficou decidido que as coisas que nós tínhamos vendido — móveis, algumas coisas que renderam… eu tinha recém-comprado uma sala de visitas, estava nova — e mais alguma coisa que eu deixaria constituiriam um fundo, a ser depositado num banco. Eu deixei também seis meses pagos à dona da casa, e esse fundo, para que elas pudessem manter-se, comer, passear, ir ao cinema, comprar uma coisa ou outra, era um bom dinheiro! A partir do esgotamento do fundo, elas me comunicariam com antecedência, e eu ficaria remetendo dinheiro dos Estados Unidos.

Terceiro item que ficou decidido é que elas telefonariam, a pagar, no dia em que quisessem ir aos Estados Unidos. Assim que eu chegasse aos Estados Unidos, eu mandaria o número do telefone etc.

Partimos, Elza, eu e os meninos. Nós conversávamos, assim que tive telefone. Cada semana elas davam notícias delas. Três meses depois elas me telefonaram — falou primeiro uma, em seguida a outra — dizendo da impossibilidade de continuar e da vontade de ir. E me lembro de que uma delas — não sei se foi Fátima ou Cristina — disse a mim: "Meu pai, você acha que agora a universidade" — que antes obviamente pagaria todas as passagens — "pagará as duas passagens da gente?" Eu disse: "Não, minha filha, não vai pagar mais, agora pago eu." E ela: "Ah!, mas que coisa!" E eu: "Agora eu quero dizer a vocês duas o seguinte: se seu pai e sua mãe agora disséssemos 'Vocês estão vendo a loucura dos adolescentes, a irresponsabilidade dos moços?! Vocês nos deram uma despesa de x dólares, que vai ser o custo das duas passagens!', se o seu pai dissesse isso agora, poria por terra a reunião que fez com vocês há quatro meses atrás. E não teria sentido de jeito nenhum a obra que seu pai realizou até agora, porque seria a contradição absoluta!"

Continuando a conversa, eu disse: "Não tem problema nenhum, eu vou remeter as passagens para vocês, e vocês tratem agora de obter o visto. Depois me comuniquem quando estão vindo." Pois bem, eu acho que essa história que fez parte da despedida do Chile e da chegada aos Estados Unidos, de uma família exilada e, portanto, de uma família que sofria o desenraizamento, a insegurança do desenraizamento, é — me parece — um testemunho interessante de coerência. Quer dizer: para nós, era muito mais importante às filhas e aos filhos testemunharem a coerência com que nós pensávamos a prática educativa em casa e no mundo; era muito mais importante demonstrar que aquilo que nós dizíamos nós fazíamos, do que dar às filhas e aos filhos o testemunho de que não levávamos a sério as coisas de que falávamos. Isso ficou provado nessa história. Eu nunca perguntei a elas, mas não tenho dúvida nenhuma de que isso as marcou. E a prova é que, no momento da reunião no Chile, quando nós dissemos, Elza e eu, que o objetivo da reunião era saber quem queria ir e quem queria ficar, me lembro de que a Cristina perguntou se a posição delas, depois de explicitada, seria respeitada mesmo para valer. Em outras palavras: se a reunião era para valer ou se era para parecer que era. E nós dissemos: "Não, a reunião é para valer!"

2. "Isso não existe em língua inglesa!"

Sérgio: Saindo da esfera familiar, onde essa história aconteceu, e nos projetando já no teu trabalho profissional, depois da tua chegada aos Estados Unidos, o que é que mais te impressionou logo no início? E, só para orientar um pouco mais a questão: como é que foi o teu batismo na língua?

Paulo: O que mais me impactou, ao recém chegar aos Estados Unidos, foi descobrir, com certo espanto meu, que todo o inglês que eu pensava que sabia não existia. Eu tinha uma experiência visual do inglês, e não auditiva; tinha uma possibilidade relativa de ler textos de filosofia, de pedagogia, mas não literatura. Eu não lia um jornal, tampouco. E no campo da oralidade eu não entendia praticamente nada!

Então isso me angustiou, pelo seguinte: no dia posterior ao que eu cheguei, eu comecei a me sentir perdido, na primeira reunião que eu tive num centro, não ainda em Harvard. Ao voltar para casa, eu disse para Elza: "Elza, eu acho que assumi uma posição desonesta, desleal, porque eu aceitei um convite, e não falo essa língua daqui, e não posso dar aula em português! Não dá, e eu acho que não vou aprender essa língua a ponto de ter uma desenvoltura mínima!" Ela disse: "Olha, Paulo, eu estou gostando disso aqui." Você a conheceu bem, a Elza tinha essas coisas fantásticas, e disse: "Eu estou gostando disso aqui, não quero voltar, não tenho por que voltar, nem você tampouco. Pois que seja humilde e estude! Se você levar isso a sério, você falará inglês como você fez outras coisas! Assuma hoje a responsabilidade! Claro que eu não creio que você tenha vindo para cá irresponsavelmente, do ponto de vista subjetivo. Objetivamente, foi uma irresponsabilidade, porque na verdade você não está falando mesmo! *(risos)* Pois que trate de superar isso!"

Evidentemente que a Elza dizia essas coisas não como quem quer matar o outro. Ela era cortês, era civilizada, mas dizia a verdade. E eu disse a ela: "Você tem razão, e eu vou levar isso a sério!" E então comecei a ler e a falar. A primeira coisa que eu fiz: Cambridge tem uma rede de livrarias que é extraordinária, e eu visitava todas essas livrarias diariamente. E comecei a recomprar livros que eu já tinha, mas que eu tinha ou em francês, ou em espanhol, ou em português. Eu comecei a comprar tudo o que eu já tinha e que era fundamental para mim, em inglês. Então eu comprei Marx, comprei Hegel, comprei Sartre, Merleau-Ponty, em inglês, nas traduções norte-americanas.

E comecei a lê-los, com um dicionário Webster junto de mim, e com pacotes de fichas branquinhas, que eu chamava de "fichas de leitura". Então, quando eu encontrava uma frase em que eu penetrava, em que eu me adentrava e percebia a significação profunda, eu aí tentava uma análise da sintaxe que fundava aquela frase, e comparava com a minha sintaxe. E via que a coisa era muito diferente! Como eu tinha, e tenho, um domínio relativamente bom da sintaxe da língua portuguesa — dos regimes verbais, das colocações, dos manejos das palavras, dos torneios etc., começou a ficar fácil para mim.

E eu me lembro que uma intelectual norte-americana que havia estudado na Universidade de São Paulo antes do golpe se prontificou a me ajudar. Ela me ouvia hoje, por exemplo, durante uma hora, falando inglês, e registrava os erros que eu cometia. No dia seguinte, trabalhava comigo uma hora, duas, erro por erro cometido por mim. E, como ela conhecia a sintaxe da língua dela e a sintaxe nossa, ela dizia: "Olha, Paulo, em português tu podes dizer isso. Em inglês, nunca!" Um exemplo disso: eu dizia em inglês *"I was being prohibited of to be.*" Era a tradução literal da sintaxe brasileira "eu estava sendo proibido de ser". No dia seguinte, ela chegou junto de mim e disse: "Olha, Paulo, isso não existe em língua inglesa! O pessoal nem entende o que tu queres dizer *(risos)*, porque, num caso como esse, você usa o verbo *to prevent*, em seguida a preposição *from*, e em seguida o verbo principal no gerúndio. Aí tu deves dizer: *I was prevented* ou *being prevented from being*, ou *from becoming, from going, from doing, from speaking, from eating, from teaching, from loving* etc. Tu não podes é dizer isso que tu disseste. *(risos)* Nunca mais eu repeti esse erro, nunca mais!

Assim, dentro de talvez um mês, dois, acrescido da leitura e das minhas notas — que eu lamentavelmente botei fora na Suíça —, eu comecei a escrever. Foi o tempo que chegou para eu iniciar o seminário em Harvard. Eu comecei a escrever com o auxílio de um aluno de Harvard que não sabia nada de português, mas tinha o domínio da língua dele, ele melhorava o meu inglês.

3. Ir aos Estados Unidos? "Eu quase disse não!"

Sérgio: O seminário era sobre o quê? Qual era a matéria?

Paulo: A matéria era o meu pensamento. Eu tenho até que pedir desculpas, porque parece um cabotinismo horrível! Mas a matéria era: como eu entendia a educação, já na época.

Sérgio: A pedagogia do oprimido segundo Paulo Freire...

Paulo: É, não estava ainda traduzida a *Pedagogia do oprimido*, estava sendo traduzida...

Sérgio: ... ou a educação popular de acordo com Paulo Freire...

PAULO: Não tinha título assim, mas no fundo era essa frase, talvez meio pretensiosa. Não estava escrito, mas era isso: como é que eu penso a educação. Muito dialógico. Eu fiz a mesma experiência, com roupa diferente, que você fez anos depois, e antes de me conhecer pessoalmente, na Universidade de Lyon. Obtive resultados parecidos também com os seus.

Eu lhe digo: a minha passagem por Harvard, por pequena que tenha sido, foi uma passagem gratificante, por várias razões. Primeiro, era a minha experiência com esse mundo altamente tecnológico, misterioso, que é a sociedade americana. A minha experiência com a discriminação, que eu nunca tinha visto com tanta intensidade! A discriminação no Brasil existe, nós somos uma sociedade racista, machista, autoritária, mas, para mim, pelo fato de que o capitalismo ainda não deu certo — e eu espero que não seja só "ainda", mas que não dê certo nunca no Brasil —, o que acontece é que a quantidade de negros brasileiros que estão fustigando o medo dos brancos da concorrência em empregos é muito pequena ainda. E porque é muito pequena, então os brancos são racistas melosos, enquanto nos Estados Unidos não tem nada de meloso, é no porrete logo!

Para mim, há indiscutivelmente uma relação entre racismo, classismo, capitalismo e democracia: os norte-americanos não podem dizer ainda que têm uma democracia substantiva, no meu entender. Eu não posso conciliar uma democracia — que eu chamo de substantiva — com racismo, sexismo e autoritarismo, do jeito que a gente encontra na sociedade americana. De maneira que esse meu encontro com esses fenômenos me ensinou muito! Foi lá que descobri essa coisa muito óbvia, sobre a qual eu escrevi: a existência de um terceiro mundo no primeiro, e a existência do primeiro no terceiro. Quer dizer, um conceito muito mais político, ideológico e econômico do que geográfico, nada de geográfico apenas.

Eu aprendi muito nos Estados Unidos, e não me arrependo jamais de ter vivido esses meses, esse quase ano, nos Estados Unidos. Não me arrependo de ir lá desde aquela época todos os anos, e vou continuar a ir. Só deixo de ir, primeiro, se eles me proibirem de ir; segundo, quando eu alcançar uma idade em que eu já não possa ir nem ao Recife. Mas, fora isso, eu irei toda vez. Eu tenho muitos amigos americanos, *scholars* muito sérios, muito leais, muito humanistas, muito competentes.

Essa questão de você condenar toda uma sociedade por causa da preponderância ou da característica do seu governo é uma ingenuidade, uma ingenuidade de que eu participei. Eu já disse isso em outro livro: ao primeiro convite que eu recebi para ir aos Estados Unidos, eu quase disse não, porque a minha tese era a de que eu não tinha nada a aprender com o meu dominador! O que era cientificamente um absurdo, porque o dominador é o primeiro pedagogo do dominado. Cientificamente, é.

SÉRGIO: Sim. Ele pode ser é um mau pedagogo, mas é.

PAULO: Do ponto de vista dele, ele é excelente, mas, sendo excelente do ponto de vista dele, o dominado termina por aprender manhas com as quais se defende do poder do dominador.

SÉRGIO: Manhas que ele aprendeu do próprio dominador: "é a volta do cipó de aroeira no lombo de quem mandou dar", diria Geraldo Vandré.

Sérgio: Mas já que está chovendo em São Paulo, uma pergunta ligada ao concreto-concreto da memória: nos Estados Unidos te atrapalhava a chuva?

Paulo: Não, não. Nos Estados Unidos, do ponto de vista dos fenômenos naturais, duas coisas que me atrapalharam foram o excessivo calor de Boston, em Cambridge, no verão, e a intensidade pesada do gelo e da neve no inverno. E foi exatamente com a tentativa, talvez mágica, mas muito concreta, de me defender do frio, muitíssimo mais forte do que o de Santiago, que eu comecei a usar barba, em 1960. E, depois de ter começado a usar barba, chegou um momento em que tirá-la era me descaracterizar. Então eu até talvez pudesse dizer hoje de forma muito simples: eu sou também a minha barba *(risos)*, de maneira que, se eu tirar a minha barba hoje, grande parte do mundo me desconhece. Mas eu comecei a usar barba para defender um pouco a cara da rigidez do frio de Boston e deu certo.

Sérgio: E o primeiro fio de cabelo branco?

Paulo: Acho que foi no Chile, após chegar ao exílio, e eu tinha 43 anos. Mas essa coisa deve ter sido tão insignificante para mim que não me deixou marca na memória. Não me afetou nem me fez fazer nenhum tipo de reflexão em torno da velhice.

É uma coisa interessante, comigo: às vezes eu descubro, um pouco surpreso, que tenho 71 anos, porque meu hábito comigo mesmo, na medida em que penso, em que reflito, em que trabalho... eu tenho uma capacidade de trabalho que assusta Nita e meus filhos também, que obviamente diminuiu um pouco nesses últimos dez anos. Por exemplo, houve várias vezes em que eu saí daqui numa quinta-feira de noite, desci em Nova York de madrugada, tomei uma hora depois um avião para Porto Rico, cheguei lá na sexta à hora do almoço, tomei um lanche, dormi até cinco da tarde de lá e às seis da tarde abri uma conferência. No dia seguinte, sábado, fiz um seminário de oito às dez, outro de dez ao meio-dia, almocei, tive um pequeno encontro com professores, trouxeram-me para o aeroporto, tomei um avião em Porto Rico ainda no sábado de tardinha, cheguei ao Brasil no domingo; e houve dias em que eu chegava ao aeroporto e ia com Elza direto para a praia. Na segunda eu estava dando aula na PUC, e não imaginavam os alunos que, de quinta para segunda, eu tinha estado dando seminários em Porto Rico. E eu fazia isso como se eu tivesse ido a Santos!

Hoje não mais, isso daí eu não aguento. É por isso que eu comecei a exigir agora passagem de primeira classe, pois descobri que ela obviamente defende o teu corpo muito mais do que a passagem de classe turística. E então, quando a universidade não pode pagar, eu digo: "O.k., não tem problema nenhum, eu não vou." Quer dizer: eu só viajo de primeira classe e faço às vezes uma concessão e viajo de classe intermediária. As universidades que me convidam estão reconhecendo, todas, que assim é que está certo. E pagam também a passagem de Nita, porque eu digo: "Eu não viajo só, não gosto de viajar só, minha mulher pode viajar comigo." Se ela não puder, eu não peço, mas, se ela puder, eu digo que é condição *sine qua non*. E eles atendem toda vez: pagam passagem para mim e Nita de primeira classe, hotel e tudo.

Mas, quanto à capacidade de trabalhar, por exemplo, aqui em casa, eu escrevo de sete horas da manhã até de noite.

Sérgio: Se você tivesse que considerar a vida como um período de 24 horas, dessas 24 horas você passou quanto tempo trabalhando? Doze?

Paulo: Ah, seriam mais ou menos doze.

Sérgio: E isso considerando como não trabalho toda a atividade de ação e reflexão do cotidiano que não estaria diretamente ligada à profissão...

Paulo: Exato. Por exemplo, durante o almoço, uma conversa mais rigorosa com Nita, uma conversa mais séria. Às vezes, no almoço, a gente troca ideias sobre a tese que ela está escrevendo, o livro que eu estou escrevendo. É como se a gente continuasse a trabalhar.

Eu tenho, na verdade, uma enorme resistência, uma coisa fantástica; tenho uma saúde exemplar! Não que eu não vá ao médico sempre. Eu vou até por disciplina, para que ele me reveja. E ele é muito exigente, gosta muito de saber das coisas e está certo. Desconfia de uma coisa qualquer e pede exame A, exame B. Ele não é um tecnologista, o Ernandi, é mais um humanista do lado da ciência, que ele executa como médico. Por isso mesmo, ele não nega a tecnologia e a necessidade da tecnologia. Às vezes se zanga comigo, porque eu não cumpro muito bem as coisas. Mas no campo específico do seu cuidado comigo eu não pifo nunca: tomo o meu remédio de pressão arterial, que é a única coisa desmantelada que tenho. É uma hipertensão que se expressou quando voltei do exílio. De jeito nenhum tenho autoridade científica para dizer que a hipertensão apareceu aqui porque eu voltei para o Brasil; não tenho essa pretensão, mas foi aqui que ela apareceu. Ele é que percebeu isso; me dá uma medicação, eu a tomo diariamente e, toda vez que eu vou lá e ele me examina, estou com 14 por 8, que é uma pressão para meu neto.

Quer dizer: a saúde é ótima mesmo! Andei sofrendo muito de gota, que me irritava demais, me maltratava, e eu era desleixado, desobediente, porque só comia o que fazia mal à gota. Mas, de dois anos para cá, resolvi levar isso profundamente a sério e passei então a mudar minha dieta. E foi mudando a minha dieta, com a ajuda de um outro grande médico que ele me indicou, que eu consegui passar dois anos agora, em cujo período eu tive apenas uma semana, há dez dias, sabendo que tinha joelho. Ela pegou um pouco no joelho, mas já passou e estou em plena forma.

5. Numa época de noite mais negra

SÉRGIO: Voltando um pouco atrás, a 1969. Enquanto você deixava a sua barba crescer, eu fazia o curso Normal. Queria me formar professor primário, estava no Brasil, estado de São Paulo, numa cidade de porte médio chamada Presidente Prudente, estudando à noite, já no segundo ano do curso de formação para o magistério.

Paralelamente, durante o dia, eu trabalhava. Havia começado a trabalhar aos dezesseis, em São Paulo, na antiga TV Paulista, canal 5, que depois foi incorporada à Rede Globo, na rua das Palmeiras. Comecei em 1967, como *office-boy*. As minhas ligações com os meios de comunicação vinham desde essa época, em que comecei entregando cartas, sobretudo. Pouco tempo depois passei para o departamento de artes da TV Paulista. Naquela época, não havia toda essa sofisticação que se vê hoje, por exemplo, na introdução dos programas de TV, essa história de usar computadores para os letreiros. Era tudo feito à mão, e eu trabalhei aí um tempo "fazendo arte", ajudando a fazer letreiros, desenhos e me ocupando dos arquivos.

Mas como eu queria continuar a estudar, e era mais tranquilo fazer o Normal no interior, lá fui eu para a casa dos meus primos, fazer os três anos do curso. Ao mesmo tempo, já picado pela curiosidade do jornalismo e dos meios de comunicação, eu comecei a fazer alguns trabalhos numa das rádios locais e num jornal diário de nome pouco modesto, *O Imparcial*.

Aliás, eu já tinha feito referência a esse período no livro *Educar com a mídia: novos diálogos sobre educação*.* O que me faz voltar a esse período agora não é tanto essa passagem pelo jornalismo, mas mais o próprio ensino, dentro do curso Normal.

Foi ali que eu ouvi pela primeira vez, de forma clandestina, sussurrada, completamente fora das aulas, uma referência ao trabalho de alfabetização do professor Paulo Freire. Em nenhuma das aulas de Filosofia da Educação, Psicologia Educacional, Prática de Ensino, Didática da Língua Portuguesa e tantas outras matérias, qualquer alusão era feita aos movimentos de cultura popular, ao trabalho de alfabetização de adultos que você já tinha desenvolvido há tempos. Nós estávamos evidentemente numa época de noite mais negra da ditadura e isso, portanto, hoje, não me espanta nada.

O fato é que eu acabei ouvindo falar das experiências de Paulo Freire por meio de amigos meus que não estavam fazendo o curso Normal, mas que já estavam na faculdade e que tinham participado em São Paulo de reuniões em que se fazia alusão a esses movimentos, aos chamados "círculos de cultura popular".

---

* Para as edições a partir de 2011, optou-se por trabalhar cada livro de forma independente. Dessa forma, *Sobre educação II* tornou-se *Educar com a mídia: novos diálogos sobre educação*. (N.E.)

Para você ter uma ideia, o primeiro livro teu que li não foi *Educação como prática da liberdade* em português.* Foi a *Pedagogia do oprimido*, se não me engano, numa edição uruguaia que tinha, em preto e branco, uma velha senhora na capa. Essa foi a primeira imagem que me veio da *Pedagogia do oprimido*. Foi uma primeira leitura difícil. Primeiro porque o meu conhecimento do espanhol, na época, de longe me permitia navegar nas águas de sua leitura com a mesma facilidade com que se navega em língua portuguesa. Segundo porque *Pedagogia do oprimido*, para mim, é um livro que contém um discurso de caráter bastante filosófico, muito teórico, muito diferente do que os nossos livros depois trazem: esses momentos narrativos, essas referências de história que teriam atraído mais o jovem normalista da época. O fato é que a percepção primeira que eu tive da *Pedagogia do oprimido* não foi a de um livro de acesso fácil.

Tive uma visão muito mais satisfatória quando li o *Educação como prática da liberdade*. O prefácio do [Francisco C.] Weffort, por exemplo, me ajudou a entender muito mais, porque trazia referências do contexto histórico. Pois bem, essas leituras vieram num momento-chave, em que começava a minha experiência como professor primário em sala de aula. As tuas ideias me atraíram no sentido do desafio concreto da busca, com meus alunos, de um clima de maior liberdade. A única coisa que eu lamentava na época era que ainda se associava muito Paulo Freire a um método de alfabetização, como se o Paulo Freire servisse apenas quando se tratasse de aulas de alfabetização!

---

* Paulo Freire, *Educação como prática da liberdade*. São Paulo: Paz e Terra, 1996 [48ª ed. São Paulo: Paz e Terra, 2020].

Enfim, eu acho que, como capítulo, faltaria apenas que você acrescentasse o sair dos Estados Unidos. Ou talvez a gente possa acrescentar esse sair no próximo capítulo. Como é que você prefere?

PAULO: Não sei no momento. Eu acho que teria qualquer coisa para dizer a mais durante a minha estada nos Estados Unidos, vamos ver.

II
Enquanto isso, no Brasil: histórias do interior

1. Pequenas coisas do jornalismo: a visita de um pai desesperado

Sérgio: *(Dois dias depois.)* Dia lindo de sol em São Paulo. Hoje eu tenho a impressão de que não vai chover, depois daquele pé-d'água que deu. É a época, Paulo, tudo depende da época. Vamos continuar a nossa conversa? Nós estávamos falando sobre aquele período em que você deixou o Chile e foi para os Estados Unidos. E eu havia já aproveitado para fazer um *flashback* da minha situação no interior do Brasil, no estado de São Paulo — mais especificamente na cidade de Presidente Prudente, região da Alta Sorocabana , dando os meus passos de educando na formação de professor primário, na Escola Normal.

Como eu havia dito, paralelamente à formação de normalista, eu já estava também experimentando um pouco o gosto do jornalismo. Depois de ter começado na cidade de São Paulo como *office-boy* na TV Paulista, eu havia também feito, durante alguns meses, uma série de matérias — ainda como jornalista mirim — para uma revistinha que já não existe mais, especializada em rádio, televisão e fofocas, chamada *São Paulo na TV.* Comecei fazendo textos de um palmo, que davam uma pequena página, com três ou quatro ilustrações de um artista em questão, o qual eu ia entrevistar em companhia do fotógrafo da revista. Coisas ainda muito infanto-juvenis dentro do jornalismo.

Só para te dar um pouco mais do fio da meada: antes ainda de ir para Presidente Prudente, eu havia também trabalhado como foca,* durante uns poucos meses, na *Folha de S.Paulo.* Na época, era chefe de redação o grande jornalista Cláudio Abramo, infelizmente falecido. Lembro-me bem do chefe de reportagem me mandando ir, por exemplo, à baixa de São Paulo, fazer uma matéria sobre a venda de castanhas e produtos de Natal, que não estavam sendo bem vendidos... Pequenas coisas do jornalismo, nas quais já exercitava um pouco o potencial de busca, de pesquisa, de desvelamento de informações para conhecimento público. Lembro-me também do dia em que descobriram na *Folha* que eu não era maior de idade. Chegou um dia, depois de algumas semanas de trabalho informal como foca, que o Cláudio Abramo me chamou, me dizendo que talvez houvesse uma possibilidade de me aproveitar para o quadro de jornalistas deles, e que eu começasse a preparar os documentos, que eu apresentasse a carteira de identidade, o título de eleitor etc. E eu: "Mas eu não tenho dezessete anos ainda." Aí ele me disse: "Olha, rapazinho, então você vai crescer primeiro, e depois você aparece."

---

* Jornalista novato. (A. B. de H. Ferreira, *Novo dicionário Aurélio.* Rio de Janeiro: Nova Fronteira, 1998, p. 792, 41ª impressão.)

E assim terminou minha curta experiência como foca na *Folha*, porque não era possível a um rapazinho de dezesseis, dezessete anos elaborar uma reportagem, nem assinar, nem ser evidentemente uma fonte fiável de informação dentro do jornalismo. E como em São Paulo eu não estava conseguindo estudar, já que estava com problemas para encontrar vagas nas escolas, e o que eu queria fazer mesmo era o curso Normal, acabei indo para Presidente Prudente. Foi aí, como lhe dizia, que me engajei no *Imparcial*, um jornal cujo título era, ele próprio, todo um desafio, uma utopia, uma contradição constante. Aliás, um jornal que cresceu muito e continua até hoje com o mesmo título. Nele, comecei a fazer reportagens de rua, matérias policiais, políticas, um pouco de tudo. A única coisa que não cheguei a fazer realmente foi coluna social, porque esse trabalho já estava sendo feito por colegas meus.

Vivi então simultaneamente as funções de normalista em formação e de repórter, trabalhando também em rádio. A Rádio Comercial ficava logo em frente ao jornal, era só atravessar a rua. Ali, além de escrever para o noticiário, eu participava também do jornal falado do meio-dia, com uma espécie de rubrica chamada "Sinal de Alerta", que também aparecia como coluna no jornal *O Imparcial*. Ali eu fazia, durante quatro, cinco minutos, a denúncia, o anúncio de um fato da comunidade, da cidade, da região, que me parecia valer a pena destacar. Normalmente eram assuntos que suscitavam certa polêmica. Volta e meia eu mexia em vespeiros.

Para te dar uma ideia do tipo de vespeiro em que eu mexia, basta lhe dizer, por exemplo, que um dia eu recebo no jornal a visita de um pai desesperado, cujo filho, deficiente mental, acabava de morrer. O pai mal conseguia articular palavra com palavra, muito revoltado, chorando, num momento-

-limite mesmo de revolta e de dor, à procura de alguém com quem desabafar. Eu atendi, perguntei o que era, e depois de um longo tempo, até que o homem se acalmasse um pouco e conseguisse se expressar, acabei percebendo que se tratava do caso de sua criança que acabou morrendo por não ter sido atendida prontamente na Santa Casa de Misericórdia, ou seja, no hospital, pelo INPS.

Procurei investigar: conversei bem com o homem, fui até a casa dele; infelizmente a criança já havia falecido, mas o homem insistia em tornar público o seu grito de dor, de protesto, de revolta, pelo fato de seu filho não ter sobrevivido. O problema é que havia na época um certo número de consultas, a partir das quais o médico não atendia mais. O operário foi lá com seu filho, mas, como era pelo INPS e ele não tinha dinheiro para pagar médico particular, acabou tendo de ficar mesmo na fila do INPS. Como naquele dia já passava dos vinte pacientes, não conseguiu ser atendido e teve de voltar para casa com a criança, que acabou morrendo.

Eu fiz logo uma coluna que o jornal publicou no dia seguinte e que deu o maior pipoco, com representante do INPS vindo ao jornal, confusão com a Sociedade dos Médicos, com a direção da Santa Casa de Misericórdia etc. Isso apenas para te dar um exemplo dos tipos de problemas que a gente enfrentava.

2. A notícia atrás do repórter e "uma bomba para você!"

Sérgio: Apesar de tudo, isso permitia também, aflorando esses problemas da comunidade, fazer coisas que até hoje me dão muito prazer de rever. Por exemplo, uma série de reportagens que comecei a fazer, num segundo caderno que então se lançou no *Imparcial*, aos domingos. Foi uma série de matérias com trabalhadores da cidade. A primeira foi com os charreteiros, que ainda havia. Fui conversar primeiro com eles; depois aprofundei com um charreteiro, pesquisando um pouco mais sobre a vida dele, com fotos e tudo. E então, aos domingos, sempre aparecia uma página no segundo caderno, ora com um charreteiro, ora com um ferreiro, sapateiro, lixeiro, apresentando sempre aspectos da sua vida, perfis humanos dentro do trabalho etc.

Paulo: No fundo, você provocava a imparcialidade do *Imparcial. (ri)*

Sérgio: Bem, eu procurava fazer uma coisa diferente do que se fazia até então, porque um dos problemas que havia na época no interior, Paulo — e se dizia até com um certo humor —, era que a notícia é que tinha que correr atrás do repórter, e não o repórter atrás da notícia. O fato é que sempre se criticou muito a acomodação dos órgãos de comunicação interioranos, coisa que felizmente mudou. Hoje você já vê uma imprensa no interior muito mais dinâmica, viva, atilada, que vai atrás. Mas na época era o sujeito, a notícia que tinham de ir ao jornal. Num certo sentido, hoje ainda se vê muita notícia correndo atrás de repórter, mas já mudou bastante.

Para pôr à tona um dos casos que mais me marcaram — eu ainda tinha dezessete anos na época —, lembro-me de um dos vereadores da oposição ao prefeito na Câmara Municipal, meu conhecido, uma figura muito popular na região: Joaquim Zeferino Nascimento — Jaca —, muito aguerrido, muito lutador, com uma garra e uma língua que o faziam ser temido pela turma do poder.

Um dia, chega o Jaca ao *Imparcial*, que ficava assim numa espécie de subsolo. Havia que descer umas escadas, a gente trabalhava assim, fazendo notícia nas catacumbas, num certo sentido. Ele chegou ao subsolo e foi logo dizendo:

— Sérgio, eu tenho uma bomba para você!

— O que é?

— Na próxima reunião da Câmara nós vamos pedir o *impeachment* do prefeito.

— O impedimento do prefeito Sandoval?

— Sim, já basta! Nós não podemos aguentar mais! E eu gostaria que você tivesse em primeira mão esta notícia.

— Está bem. Posso publicar?

— Pode.

Era ali por volta de umas dez e meia da manhã e eu ia entrar no ar no jornal da rádio a partir do meio-dia. Aproveitei e fiz logo ali uma pesquisa sobre como seria o processo de *impeachment* do prefeito. Lembro-me até que já havia na época uma legislação — se não me engano do presidente Castelo Branco — que regulava os casos de impedimento. Procurei invocar os artigos pertinentes, mostrando aos ouvintes e leitores como é que o processo se daria, explicando como seria a tramitação, quantos dias para isso, quantos para aquilo.

Termino a matéria um pouco antes do meio-dia, atravesso a rua, subo, começa o jornal e eu entro no ar com a notícia de que o prefeito Antônio Sandoval Netto iria sofrer um pedido de *impeachment* na próxima sessão da Câmara. Quando eu termino o jornal e abro a porta do estúdio, encontro diante de mim dois senhores com ar circunspecto, que não me eram desconhecidos. Olhei e disse a mim mesmo: "É o DOPS, é a polícia." A polícia de inteligência da terra, não é? E foi:

— O senhor é que acaba de falar na rádio?

— Sim, sou eu.

— O senhor então deve nos acompanhar.

— Aonde?

— À delegacia.

— Mas por quê?

— Pelo que o senhor acaba de falar.

— Mas se é por isso eu tenho aqui o papel que escrevi.

— Então o senhor nos dê o papel.

— Esse papel eu não lhes posso dar, que o original é do autor.

— Mas, então, como é que nós fazemos?

— Eu fiz uma cópia. — Naquela época a gente fazia cópia com papel carbono, não havia tanta facilidade de se fazer fotocópia. — Tenho uma cópia a carbono no jornal.

Descemos, fomos ao *Imparcial*. Era hora do almoço, redação vazia. Eu entrego a cópia para um dos policiais à paisana, e ele diz:

— Agora o senhor então nos acompanhe até a delegacia.

— À delegacia? Por quê?

— O senhor vai ter que nos acompanhar.

— Mas eu não vou.

— Ah, o senhor vai ter que ir, sim!

— Não, não vou. Eu sou menor. — Quando eu disse que era menor, o homem encalacrou. E eu: — Além disso, eu estou sempre aqui no jornal. Mais tarde a gente pode ver com o diretor, ou com o chefe de redação, o que é que se vai fazer.

Quando soube, mais tarde, o diretor do jornal ficou todo preocupado:

— A solução é ir falar com o curador de menores, para ele te acompanhar.

E lá fomos nós. Definiram quem seria o curador de menores da terra que teria de ir comigo à delegacia e, a partir daí, Paulo, até eu completar dezoito anos, era com ele que eu tinha de ir prestar declarações. No dia em que eu fiz dezoito finalmente pude ir sozinho à delegacia para terminar de responder. Felizmente, tudo não passou de interrogatórios. Uma das perguntas que mais me chamaram a atenção, numa das vezes, foi:

— O que você acha do governo Costa e Silva?

E eu:

— Mas o que é que isso tem a ver com o *impeachment* do prefeito?

Para terminar esta parte, eu lhe diria ainda que, por incrível que pareça, no final, a Câmara de Vereadores não apreciou nenhum pedido de *impeachment* do prefeito. Esse vereador da oposição, aparentemente muito conceituado, acabou não cumprindo a própria palavra. Ele não negou que me havia dito, mas, afinal, acabou não apresentando pedido nenhum, e eu que acreditei na fonte é que fiquei no fogo. Isso apenas para ilustrar uma parte da minha história dessa época e as lições que a gente acaba tirando. Eu queria que você reagisse um pouco a isso.

3. A morte do menino e o instinto de classe

Paulo: Você foi salvo pelo gongo da menoridade! *(risos)* Mas nessas histórias que contas de Presidente Prudente, há dois momentos que me interessam comentar. O primeiro foi a morte do menino, filho do operário, que envolve a raiva legítima e o desespero não menos legítimo de um pai que, não com dificuldade, descobre, percebe que a morte de seu filho tinha algo a ver com a posição de classe dele. Eu não tenho dúvida nenhuma de que, se você tivesse perguntado àquele pai em desespero como é que ele lia o discurso do hospital, ele te faria uma explicação rigorosa, uma análise de classe, que os neoliberais de hoje dizem que não existe mais. Existia naquele momento da morte daquele menino, como continua existindo hoje. Possivelmente ele não fizesse assim uma análise crítica, mas ele revelou, quando te procurou, o que a gente pode chamar de instinto de classe. Não era talvez a consciência de classe, mas era o instinto de classe.

Além disso, eu acho que seria interessante também observar o seguinte: obviamente que, quando o corpo médico estabelece um número x de consultas diárias, o corpo médico tem razão para estabelecer isso. A razão tem a ver de um lado com o que significa para cada médico escutar relatos mais cheios de adivinhação do que de fatos por parte do sujeito que vem falar. O problema da linguagem, que também é a linguagem de classe, também deve ser levado em conta para uma espécie de dificuldade de compreensão por parte do médico do que o paciente diz, o discurso do paciente; quer dizer, a dificuldade de leitura desse discurso, que o médico vai superando na medida em que ele vai tendo mais experiência com a linguagem popular. Mas o que eu quero dizer é que até isso é muito importante para se estabelecer a quantidade de discursos clínicos, de diagnósticos ou de impressões em torno do que eu tenho, do que o outro tem. O paciente chega e diz: "Eu tenho uma dor aqui." E mostra ali. Quer dizer: ele tem uma dor no estômago que responde nas costas. E o médico precisa ganhar uma longa experiência para começar a estabelecer uma certa razão compreensiva daquele discurso.

É lógico que isso precisa ser levado em conta, mas o que eu acho é que de qualquer maneira o corpo médico deveria estar prevenido, independentemente de a clientela ser rica ou pobre, quando ele estabelece um número x de consultas, em função da sua capacidade de resposta, do que se gasta emocionalmente. O médico também tem de se defender como gente, mas o que eu quero dizer é que é fundamental, para mim, que os médicos briguem para não se tornarem mentalmente burocratas. É uma doença terrível que a gente sente neste tipo de sociedade em que se está vivendo, que é exatamente a seguinte: se estabeleceu que o médico, vamos admitir, recebe quinze clientes. Não sei se será esse o número, não?

SÉRGIO: Na época eram vinte.

PAULO: Então, quando chega o vigésimo, independentemente de o médico pessoalmente resistir ou não, independentemente de o médico ter ou não ter a intuição de que o vigésimo primeiro caso é um que pode virar fatal, a burocratização mental diz a ele "acabou o prazo". É contra isso que eu acho que a gente deve brigar também. Uma sociedade democrática não é uma sociedade de autômatos. É uma sociedade de gente crítica, de gente sujeito, de gente que pensa, de gente que reage, e de gente que ama, de gente que sofre também. A sociedade democrática com que a gente sonha pelo menos não é uma sociedade de autômatos, não é uma sociedade de máquinas...

SÉRGIO: Não é uma sociedade de Skinner...*

PAULO: Não é, de jeito nenhum. O Skinner até que não se adaptaria a ela. Essa é a primeira observação sobre a tua

* Burrhus Frederik Skinner, um dos mais conhecidos teóricos norte-americanos da corrente behaviorista. (Nota do Sérgio.)

história, o que a gente pode dizer que aprendeu a mais é essa coisa óbvia de que a gente deve ser crítico e não puramente burocrático, "aquilo é porque se estabeleceu que seria".

4. "Briguemos, lutemos?": a coragem da rebeldia

Paulo: A segunda observação que essas duas histórias me provocam — e sobretudo é preciso que os jovens pensem e repensem nisso — é o arbítrio, o arbítrio que foi o poder militar, o golpe terrível que nos destruiu e que nos atrasou um bando de anos. É o arbítrio do poder. Quer dizer: pelo fato de um jovem jornalista anunciar que na próxima semana ocorreria o que não ocorreu — e não ocorreu precisamente por causa da repressão —, esse jovem é chamado para ir à polícia. É chamado para, afinal de contas, assumir a responsabilidade de ter tido a coragem de fazer uma denúncia normal dentro de uma sociedade democrática. Eu acho que, mais uma vez, diante dessa experiência tua, a grande lição para nós é a seguinte: briguemos, lutemos, para que o país não caia novamente nessa arapuca da sua salvação verticalmente feita, que destrói as liberdades e que, portanto, impõe esperanças inviáveis, mitos, discursos falsos a nós, como, por exemplo, o de que estaríamos salvando-nos não apenas do comunismo horrível, mas também da falta de pudor, da desonestidade.

Eu me lembro de como falavam alguns militares poderosos, depois do golpe de 64: que eles estariam salvando o Brasil da perversidade comunista, por um lado, e da imoralidade em que o país tinha caído, por outro. Agora, quando se pensa, por exemplo, o que significavam as mordomias durante o governo Goulart, chamado populista, quando se pensa o que constituía as mordomias do governo Goulart, que foram condenadas e combatidas como imoralidades, e se pensa no que surgiu depois em termos de mordomia, em termos de desrespeito à coisa pública, e se alongou até esse governo nefasto, de uma vasta sem-vergonhice, do presidente Collor, que assombrou o mundo pela capacidade de fazer mal; quando se faz a comparação dos dois tempos, você vê que, na verdade, era normal até que fosse assim. É que o golpe militar, ao silenciar a sociedade civil, ao calar a imprensa, favoreceria necessariamente uma sociedade de arbítrio, em que há um discurso só, ao qual o resto — da grande maioria — ouve em silêncio porque não pode contestá-lo. A sociedade se degenera em falta de respeito, de ética. O teu caso, entre milhões de outros, é um caso cuja grande lição é a do chamamento à atenção de nós todos, para que lutemos, briguemos no sentido de que nunca mais o Brasil reviva a experiência das ditaduras.

Para fechar, eu lhe diria que, independentemente da insistência com que eu sou um otimista, a minha leitura da realidade brasileira — desde que se começou o chamado processo de abertura gradual e lenta — é a de que o tempo dos golpes, a realidade proporcionadora dos golpes, fugiu, desapareceu. Eu não vejo hoje — em função do próprio processo da história universal que a gente vive, num mundo que encurtou — lugar para aventuras golpistas. Pelo contrário, para mim, o tempo que se põe hoje é um tempo tímido e um espaço também tímido, mas de procura concreta da experiência democrática.

A impressão que eu tenho é que o último momento da nossa experiência antes da abertura — que foi a da negação total das liberdades, como continuidade inclusive da tradição histórica brasileira de uma sociedade autoritária — gerou nos brasileiros e nas brasileiras uma espécie de enamoramento com a liberdade. Não importa que esse enamoramento não esteja às vezes feito ou fazendo-se de forma crítica, não importa que muitas vezes esse enamoramento descambe para certa licenciosidade, não importa que também provoque às vezes reações autoritárias dentro do processo. Para mim, o que está ficando é a tentativa da reinvenção da sociedade brasileira em termos de uma nova fase de respeito à coisa pública, de presença popular. A vinda às ruas dessa geração nova da cara pintada é um dos melhores sintomas da época em que vivemos. De qualquer maneira, eu acho que a tua experiência contada hoje é muito interessante, porque foi também a experiência de um adolescente que eras tu na época. O que é muito interessante para os adolescentes de hoje saberem: que ao estilo de um menino de dezessete anos em 1969, houve em teu comportamento a coragem da rebeldia. E é essa rebeldia que eu sugiro aos moços de hoje também.

III
Estados Unidos, passagem permanente

1. Para além das universidades, fim de semana em gueto negro

Sérgio: Você volta sempre aos Estados Unidos, e eu também gostaria de voltar nessa conversa, agora às primeiras vezes que você lá foi. De um lado, por que essa volta constante aos Estados Unidos? De outro, à parte o trabalho que você começou a desenvolver em Harvard, quais eram as suas outras atividades? Como é que você se situou? Foi um período de não mais que um ano, se não me engano...

Paulo: Exato, um pouquinho menos até.

Sérgio: Foi um período curto. Como é que você completaria o quadro da tua passagem e da tua visão dos Estados Unidos nesse período?

Paulo: Eu acho interessante essa pergunta porque a minha passagem pelos Estados Unidos em 1969, para ficar durante um período — porque antes eu tinha ido em 1967 aos Estados Unidos, e em 1968 também, mas rapidamente —, a minha passagem pelos Estados Unidos por essa época, durante quase um ano, não se restringiu à minha atividade docente em Harvard. Além de Harvard, eu trabalhei também, mas não simultaneamente, num outro centro, num centro de pesquisa, que foi criado e era dirigido por um grupo de jovens intelectuais em sua maioria americanos, que se dedicavam à pesquisa social, à pesquisa orientada no sentido de uma compreensão crítica do desenvolvimento (por exemplo — essa era uma preocupação entre eles —, o que fazer enquanto prática educativa, na perspectiva democrática do desenvolvimento); e da compreensão crítica do Terceiro Mundo, por exemplo. Foi por isso que eles também me convidaram para passar uma temporada com eles. Foi onde eu encontrei gente muito boa, muito capaz. Mas, além dessa passagem por esse centro — onde eu dei dois ou três seminários —, o que me parece também muito rico na minha experiência nos Estados Unidos na época foi a minha experiência em diferentes universidades, quando aos fins de semana eu saía de Cambridge, onde morava, e me deslocava até outros estados próximos, a convite dessas universidades.

É interessante chamar a atenção para o seguinte: em 1969, eu era não muito, mas relativamente, conhecido nos Estados Unidos em centros universitários, apesar de não ter textos ainda traduzidos para o inglês. Mas havia uma curiosidade grande por causa de algumas notícias que publicaram no *New York Times* durante o tempo em que eu estava ainda no Brasil coordenando a campanha, ou o Programa Nacional de Alfabetização de Adultos, antes do golpe. Depois, a minha chegada aos Estados Unidos para Harvard virou notícia, não em jornais, mas virou notícia interacadêmica. Eu era, de modo geral, convidado em fins de semana. Eu tinha de fazer um programa: aceitar aqui, não aceitar ali etc., e sempre estava fora de casa, não em todos, mas na maioria dos fins de semana.

Esses convites que me tiravam de Cambridge não eram exclusivamente convites universitários. E aí também entra essa outra dimensão interessante: é que às vezes eu fazia um debate numa universidade, com professores e alunos, sobre alfabetização de alunos — no começo esse era o ponto de atração, em seguida eu mesmo comecei a fazer questão de ir mais além do tema da alfabetização e tentar propor aos auditórios a discussão em torno de uma compreensão crítica de toda prática educativa. Eu me lembro de que as primeiras discussões em que eu insistia na politicidade da educação provocaram fortes reações nos Estados Unidos, como provocaram um ano depois na Europa — quase na Europa toda. Essa coisa óbvia era muito mal percebida e muito malvista. Diziam às vezes a mim: "Não é isso, eu não posso compreender que a educação seja um ato político, porque afinal de contas, como educador, eu estou a serviço da humanidade." Veja também como espaços históricos mudaram a compreensão dos norte-americanos: atualmente eu tenho ido todos os anos aos Estados Unidos, duas, três vezes, e ninguém mais me diz isso há muito tempo. E eu me lembro de que eu perguntava sempre às pessoas que argumentavam assim: "E o que é, e quem é a humanidade?" E o sujeito ficava um pouco assustado com a pergunta, porque descobria que a humanidade era uma abstração. E então aumentava o susto quando eu dizia: "Para mim a humanidade é Maria, é Josefa, é Carlos, é Antonio, numa certa posição de classe. É isso o que eu entendo, fora da abstração da humanidade."

Bem, mas a outra dimensão interessante a que eu queria me referir, como eu tinha dito antes, é que esses convites para fins de semana ultrapassaram a área universitária, acadêmica. De vez em quando eu era convidado para passar um fim de semana discutindo num gueto negro, num gueto porto-riquenho, por exemplo. E foi exatamente a minha convivência com os proibidos, com os interditados, como diria a Ana Maria (Nita),* que eu percebi aquilo que eu já lhe falei outro dia, que era a presença, no corpo do primeiro mundo, de seu terceiro mundo. É quando se chega em Cambridge, por exemplo, atravessa Cambridge e vai para Boston, começa a adentrar-se em Boston, e de repente se chega a uma área estritamente negra: aí se vê como o terceiro mundo do primeiro é sublinhado. E uma coisa que me chocava era ver a deterioração de um bairro que vinte anos atrás tinha sido rico, com casas bostonianas muito bonitas, e que um dia uma família negra, aproveitando a distração dos brancos, com certa manha conseguiu comprar uma das casas. E, ao comprar, a presença agora negra num bairro bonito provoca, durante quinze anos, a negritude do bairro. *(risos)* Os brancos vendem suas casas baratíssimas, quase de graça, fogem, vão para outro lugar, e o bairro vai automaticamente se deteriorando, porque o poder público já não cuida dele. Como

---

* A. M. A. Freire, *Analfabetismo no Brasil: da ideologia da interdição do corpo à ideologia nacionalista, ou de como deixar sem ler e escrever desde as Catarinas (Paraguaçu), Filipas, Madalenas, Anas, Genebras, Apolônios e Grácias até os Severinos*, 3ª ed. São Paulo: Cortez, 1995.

exemplo, há o livro de Jonathan Kozol, cuja tradução para o português consegui na editora Loyola, mas com uma capa muito feia, uma capa preta. Eu acho que o povo aqui nem chegou a ler este livro. Não sei se ele ultrapassou uma edição. E é um livro que, lançado nos Estados Unidos em 1969, teve dez impressões no primeiro mês. Uma coisa extraordinária! O livro é *bestseller* ainda hoje, e se chama *Morte em tenra idade*. Um livro extraordinário.*

Lá nessas andanças, precisamente, eu conheci Kozol, em Cuernavaca. Ele escreveu exatamente o *Morte em tenra idade* a partir de sua experiência pessoal de professor primário, quando ele, ex-aluno de Harvard, vivenciou a experiência de terceiro mundo dentro do primeiro, de um terceiro mundo discriminado, que era o de um menino negro em Boston. A escola que ele descreve tinha uma fresta que não se consertava nunca, uma rachadura na parede, pela qual entrava um frio causticante. Um frio que ampliava, com a sua força, a rachadura da parede e envolvia as crianças (os corpos desabrigados das crianças negras). E ele protestava e reclamava, nada se fazia e nada se consertava. E, quando ele lança o seu livro, é punido pelo *establishment*, é demitido da escola.

Quer dizer, essa minha experiência, quando eu fazia essa andarilhagem ainda tímida, primeira, pelos Estados Unidos, aprendendo essa coisa concreta e óbvia do terceiro mundo no primeiro, do primeiro no terceiro; aprendendo a força da raiva do branco contra o negro, a violência, o desrespeito do corpo negro pelo corpo branco; o corpo branco que se decretava a

---

* Jonathan Kozol, *Morte em tenra idade*. São Paulo: Loyola, 1983.

si mesmo como superior geneticamente ao corpo negro. Isto eu li, estupefato, num artigo da *Harvard Educational Review*, de um cientista que dizia mais ou menos isto: "Eu até que gostaria de dizer que os negros não são inferiores aos brancos, mas a ciência não me permite. Eles são geneticamente inferiores." Eu te confesso, Sérgio, que eu já imaginava essas coisas, mas a dureza de vê-las, de pegá-las, de senti-las, de ser sentido por elas foi de uma riqueza enorme para o meu aprendizado nos Estados Unidos.

2. Democracia: "A sociedade americana tem muito que andar, muito que refazer"

Sérgio: Mas enquanto isso, Paulo, enquanto você, nos fins de semana, durante a semana, fora de casa, aprendia essa realidade, participava dessa nova realidade de empréstimo, o que é que acontecia na tua família? Como é que os teus filhos, Elza foram absorvendo essa nova realidade?

Paulo: Na família a coisa foi muito interessante também, porque os meninos tiveram uma possibilidade de passar do primeiro impacto da violência da sociedade. O Joaquim e o Lut, por exemplo, com dez e onze anos, foram agredidos um dia, em Harvard Square, assaltados por garotos que a gente chamaria no Brasil "de rua", apesar de não terem as mesmas características dos nossos meninos de rua. Foram assaltados por meninos que levaram o dinheirinho da mesada que eles tinham. Eu dava uma mesada aos dois e às meninas também, para que eles se movessem, dominassem o ímpeto consumista. Por isso é que eu dava a mesada e dizia: "Olhem, se gastarem isso em um dia — têm todo o direito de gastar —, agora, só recebem na próxima semana." Fui muito duro nisso, não fui nada espontaneísta. E aconteceu uma coisa que teria de acontecer: recebida a primeira mesada, foram a uma loja e gastaram tudo. Na volta, disseram: "Olha, papai, a gente não tem dinheiro nenhum mais." E eu disse: "Então esperem a próxima semana." E aguentei. Resultado: da segunda semana em diante, eles começaram a aprender os limites das compras. Continuaram fascinados pelo gosto de comprar, mas disciplinaram o gosto de comprar. Então eu acho que, do ponto de vista deles, a coisa foi ótima.

Do ponto de vista de Elza, eu acho que ela também se sentiu muito bem. Elza gostava enormemente dos Estados Unidos, o que não significa que gostasse do capitalismo. Mas gostava do país, porque é preciso também estabelecer e superar essa posição ingênua — de que eu também fiz parte antes — de que tudo nos Estados Unidos seria ruim. E não é, não é verdade. Nada é totalmente ruim ou totalmente bom. Quer dizer, você tem na democracia americana uma série de coisas altamente positivas.

Agora, o que eu acho é que o que há de positivo na experiência democrática americana não é suficiente para que alguns norte-americanos pensem em si como pedagogos da liberdade no mundo. Não, no meu entender, a sociedade americana tem muito que andar, tem muito que pensar, tem muito que refazer, para poder pensar que ela é tão democrática quanto ela pensa que é. Para mim, não há uma substantividade democrática na sociedade norte-americana. Eu não posso conceber uma sociedade que se pense altamente democrática, no nível de se pensar também pedagoga do mundo com relação à democracia... Eu não posso entender ou conciliar essa ideia de uma democracia profunda, fantástica, com o racismo horripilante da sociedade norte-americana, com o autoritarismo da sociedade, com a mitificação da tecnologia, por exemplo. Há uma série de negatividades lá dentro da experiência democrática norte-americana que me fazem não dizer que tudo lá é ruim, mas também não dizer que tudo lá é bom.

E digo mais: eu acho que os intelectuais progressistas de qualquer parte do mundo teriam — até eu, diria — o dever de passar de vez em quando e de se expor à experiência norte-americana, por uma série de razões. Entre elas, por exemplo, a de que a sociedade norte-americana reflete nela os problemas do mundo, de um lado, e, de outro, tem sido de vez em quando um problema para o mundo. De maneira que isso já justificaria a visita de intelectuais progressistas de qualquer parte do mundo aos Estados Unidos, além da experiência em outras coisas nas quais eles são eficazes, eficientes.

Era mais ou menos isso que eu queria dizer, que a minha passagem durante quase um ano nos Estados Unidos foi muito rica, de um lado pelo que eu pude fazer com relação ao meu inglês. Quer dizer: eu pude chegar a um ponto em que mais ou menos me traduzi para o inglês. Com um inglês de nordestino do Brasil, não há dúvida nenhuma. Com uma pronúncia de nordestino. Para você ter uma ideia, quando eu falava, eu era a única pessoa que, falando inglês, Elza não precisava de tradução. *(Sérgio cai na risada)* Elza entendia a minha musicalidade nordestina falando inglês. E, como ela conhecia o meu pensamento, uma coisa batia com a outra, não precisava de tradução nenhuma.

SÉRGIO: Ela não chegou a falar inglês?

PAULO: Não, não chegou a falar. Eu acho que a Elza tinha mais obstáculos para falar uma língua estrangeira do que eu. Mas, por outro lado, além desse aprendizado do inglês, que me possibilita hoje não propriamente escrever meus textos, mas falar meu pensamento de uma maneira próxima de como eu falo em língua portuguesa... Eu sou capaz de traduzir até certos matizes assim mais criadores que eu às vezes uso em língua portuguesa. Eu sou capaz de fazer isso em inglês. Eu posso falar duas horas em inglês, discutir, debater. Às vezes me cansa e não entendo bem a pergunta, então eu preciso pedir que o sujeito repita. Mas cheguei num nível em que eu posso me comunicar. Não na mesa de um bar, por exemplo. Se você me põe na mesa de um bar falando inglês, eu começo a ter dificuldade, a não ser que na mesa do bar a fala seja uma análise política, histórica. *(Sérgio ri)* Mas não é isso que um bar requer, embora eu pense que o bar até aceite isso. Pode aceitar.

Mas, para concluir, eu lhe diria que, se eu tivesse ficado só no nível da participação acadêmica, já teria sido excelente a minha experiência, como continua sendo toda vez que eu vou aos Estados Unidos. Mas é que eu juntei a essa dimensão acadêmica a outra, a do debate da problemática concreta do gueto, por exemplo. Eu tive experiências de passar fim de semana em um gueto, em Boston, em que eu era conduzido diariamente por duas ou três pessoas do gueto, no carro delas, passava o dia todinho dentro de uma sala, com um grupo de negros, almoçava com eles sanduíches e Coca-Cola dentro da sala, e de noitinha me levavam de volta para a casa onde eu estava. Eu não tinha o direito de passar pela rua, a não ser com eles. Isso também foi altamente pedagógico para mim, porque eu tive, como eu lhe disse, a experiência nítida, concreta, objetiva, da malvadez da discriminação.

3. Luther King, Malcom X e a espiral da violência

Sérgio: Paulo, antes de a gente pegar o avião para a Europa, eu gostaria de sondar um pouco você: nesse contexto todo de luta dos proibidos, dos renegados, sobretudo negros, não apenas negros, mas das chamadas minorias; não apenas nos Estados Unidos, em outros lugares, mas como a gente está nos Estados Unidos, focalizando aí — com relação, por exemplo, às ideias de Martin Luther King, que aparecem e que constituem assim uma espécie de grande farol de orientação para muitas pessoas, minorias, como instrumento mesmo de ação, de fé, de crença, de esperança num mundo melhor. Ideias de uma não violência ativa que, estando nos Estados Unidos também, fizeram parte do seu embebedamento.

Paulo: Não há dúvida.

Sérgio: Como é que você chegou a articular as ideias que, entre outros, foram formuladas por Martin Luther King, dessa resistência não violenta? Como é que o problema da violência se pôs para você, de um lado, buscando caminhos democráticos, buscando o processo civilizatório, e portanto tentando diminuir e lutar contra a violência, mas, de outro, também, diante de fatos violentos de uma maioria branca, por exemplo, que provoca uma violência do oprimido?

Eu me lembro até quando Dom Hélder Câmara falava na época do problema da violência, de uma terceira volta da violência. Fala-se muito de quando o negro é violento, de quando o oprimido é violento, mas se esquece de que essa violência é uma resposta histórica à violência anterior, isso nos conduzindo, porém, a uma possível espiral da violência, que pode aumentar cada vez mais. Como é que você situava na época e situa hoje esse problema da luta, da violência, em face dos ideais de Martin Luther King e diante de uma realidade opressora, dominadora, que usa a violência e que não quer admitir depois que haja uma violência como resposta?

PAULO: Exato. Uma coisa em que acertei é que relacionei a Martin Luther King — por quem eu tenho um imenso respeito e eu acho que o mundo tem de ter... Mas eu relacionei a esse querer bem a Luther King, a essa dívida, eu relacionei um outro extraordinário líder negro, também assassinado, que foi Malcolm X, em torno de cuja vida hoje esse outro grande negro norte-americano, diretor de cinema, Spike Lee, acaba de fazer um grande filme, para reativar a memória, inclusive, a memória negra e a memória branca, da necessidade da briga, da necessidade da presença varonil, da presença da utopia e da presença do direito de defesa. Era preciso mostrar às gerações negras e brancas norte-americanas quem tinha sido Malcolm X e o que tinha feito.

Naturalmente que Malcom X está muito mais à frente quanto ao direito da briga — aparentemente — do que Luther King, mas ambos tinham as suas complementações. Por outro lado, quando fui para os Estados Unidos, eu já tinha escrito a *Pedagogia do oprimido*. Eu já tinha dito que a violência do oprimido era direito de defesa, legítima defesa. Eu já tinha dito na *Pedagogia do oprimido* que não é o oprimido o que inaugura a violência, o que inaugura o desamor. Quem inaugura a violência e o desamor é o opressor. Agora, manhosamente, para justificar-se um pouco de sua culpa, o opressor, como tem o poder — e é quem tem poder quem perfila quem não tem —, perfila o oprimido como violento, como desamoroso, como ingrato até, aquele que é incapaz de ver a bondade do opressor. *(Paulo sorrindo)* Isso tudo é uma mentira, na medida em que tudo isso é a ideologia dominante do opressor tapeando e amaciando a consciência do oprimido.

Quer dizer: eu já tinha feito essas afirmações. Eu já tinha dito que o ideal é que as transformações radicais da sociedade — que trabalham no sentido da superação da violência — fossem feitas sem violência. Agora, a responsabilidade de que elas sejam salpicadas de violência não é de quem pretende mudar o mundo. É de quem não pretende que o mundo mude. Então, uma vez mais, são os dominantes, são as classes dominantes, que levam as classes dominadas à briga, ao conflito até, inclusive físico, quando as classes dominadas — num gesto de direito e de manifestação de sua humanidade — protestam contra a preservação da maldade, da perversidade, da malvadez do opressor.

Ora, isso, Sérgio, se consubstanciou na minha passagem pelos Estados Unidos, quando eu via o que se enfatizou depois nas minhas idas à África, que tu conheces também. Um dia, um intelectual negro norte-americano, meu amigo, que trabalhava comigo em Genebra, no mesmo Conselho Mundial das Igrejas, veio aos Estados Unidos e depois voltou. Na volta me disse: "Eu tive um sofrimento agora enorme! Eu cheguei ao aeroporto e encontrei apenas a minha mãe. E lhe disse: 'E meu pai?' Ela me disse: 'Seu pai está preso, agora, num distrito policial, quando nós vínhamos para o aeroporto.'" E o meu amigo se dirigindo à mãe: "E por que ele foi preso?" E a mãe lhe respondeu: "Porque, como você sabe, é negro." Ele fez um silêncio e depois disse a mim: "Nos Estados Unidos, para ser preso basta ser negro."

Essas coisas, lhe confesso, me doíam e me doem tremendamente, porque são coisas nas quais não há ética, nas quais não há amor, nas quais não há liberdade, nas quais não há democracia. Por isso é que eu falava nessa restrição que eu faço: a democracia se caracteriza, entre outras coisas, pela possibilidade daqueles que nela vivem, que a fazem, serem livres para serem diferentes. No momento em que você não tem a liberdade de ser diferente, você não vive numa democracia. Essas coisas eu aprendi e reaprendi na passagem pelos Estados Unidos, e nas minhas idas permanentes aos Estados Unidos.

Para concluir a tua pergunta: diante do problema da violência e da democracia, eu hoje continuo pensando que a democracia não significa o desaparecimento absoluto do direito de violência de quem está sendo proibido de sobreviver. E que o esforço de sobreviver às vezes ultrapassa o diálogo. Para quem está proibido de sobreviver, às vezes, a única porta é a da briga mesmo. Então eu concluiria lhe dizendo: eu faço tudo para que o gasto humano seja menor, como político e como educador. Entendo, porém, o gasto maior. Se você me perguntar: "Entre os dois, para onde você marcha?" Eu marcho para a diminuição do gasto humano, das vidas, por exemplo, mas entendo que elas também possam ser gastas, na medida em que você pretenda manter a vida. O próprio esforço de preservação da vida leva à perda de algumas vidas, às vezes, o que é doloroso. Agora, o que eu não acredito é na conscientização dos poderosos. Eu acredito na conversão de alguns poderosos, mas não enquanto classe que comanda, não enquanto classe que domina.

4. À esquerda ou à direita, "golpe de Estado, nunca!"

Sérgio: Agora, Paulo, correndo paralelamente a essa questão da violência, num processo que nós pretendemos que seja progressivamente democrático, como encarar os golpes de Estado? São atos de violência que ora são proferidos — a grande maioria das vezes — para a manutenção do *status quo* de dominação, ora acontecem respondendo a um processo que, pelo menos, se pretendeu, em alguns casos, revolucionário, ou seja, de substituição daquela corja que estava no poder por uma nova equipe. Uma nova liderança que não chega ao poder por via das eleições, por via de processo eleitoral dentro dos moldes da democracia burguesa que se desenhou, mas que chega também por meio de uma forma de violência, na medida em que não é civilizadamente que se pede aos ditadores que saiam — eles têm de ser desalojados ou, pelo menos, foram desalojados.

Ora, nós tivemos, por exemplo, no mundo, durante os últimos anos, dezenas de golpes de Estado, de manifestações de violência. Eu falo de golpe de Estado, mas poderia também situar esse problema num nível às vezes mais familiar, num nível mais pessoal de ações que conduzem aquele que está exercendo um determinado poder, legítimo ou não, democrático ou não, em determinado momento ser desalojado, ser violentamente expelido por outro alguém, por outro grupo, com outras ideias. Como é que você — que dentro da *Pedagogia do oprimido*, e mesmo dentro da *Pedagogia da esperança*, fala dessas diferenças, quando você está discorrendo sobre a liderança revolucionária, diferente da outra — encara essas manifestações violentas, à esquerda ou à direita, de usurpação ou de tomada de poder de fato?

PAULO: A posição em que eu me ponho, não acriticamente, mas criticamente, sem fazer concessão, é que esquerda, para mim, não pode dar golpe de Estado. Ou esquerda faz revolução, ou esquerda faz evolução. Golpe de Estado, nunca, no meu entender. É a baita contradição em que a esquerda cai. Veja você, por exemplo, as experiências das esquerdas no chamado mundo do Leste, do socialismo autoritário, realista, que se acabou. Foram muito mais tentativas de golpe, ou melhor, as revoluções foram se transformando em golpes de Estado. Quer dizer: geraram então a negação de si mesmas, o desconhecimento de si próprias; perderam o endereço da história precisamente no momento em que elas começaram a converter-se em autoritarismo, rompendo então com o papel dos indivíduos ou desconhecendo-o, porque viam apenas o social, o coletivo; borrando na história o papel da consciência, por exemplo, ou o papel da subjetividade. Pensando-se dialéticas, eram mecanicistas.

Todo golpe de Estado tende a piorar a sociedade golpeada, no meu entender. Inclusive é isso que historicamente está se vendo, não? De um lado já há, no golpe de Estado dado por uma minoria que pretende consertar, uma minoria que se diz progressista e que, reconhecendo o alto nível de roubalheira, de falta de ética da classe dominante no poder, pretende arvorar-se em salvadora, em retificadora daquela história. Essa minoria não aceita ser pura espectadora, e está certa, mas, no lugar de batalhar democraticamente para corrigir, ela se arvora no direito de ter o poder de mudar de cima para baixo. A primeira conotação que essa minoria revela é a de uma grande arrogância, de uma imensa petulância.

Não tem nada de humilde no que o presidente do Peru fez, por exemplo, e com respaldo popular! Eu entendo que tenha respaldo popular, porque se chega à praça pública e se mostra as roubalheiras que a classe dominante vem há muito tempo fazendo, e se promete que vai acabar com isso, fechando o Congresso, fechando o Judiciário, apontando as falhas morais de qualquer um — é muito fácil apontar falha moral dos poderes, eles estão aí falhando — e anunciando então que, ao fechar tudo isso, um dia tudo isso se reabre de forma correta.

No momento em que fazem isso, essas minorias, elas mesmas entram em deterioração também, porque elas se esquecem de que ninguém faz o mundo só. Nós estamos nesse mundo socialmente, e não individualmente. A nossa presença tem uma dimensão que não pode ser negada, a não ser pelos mecanicistas, que é a dimensão individual, mas até a dimensão individual de Sérgio Guimarães, de Paulo Freire — sem a qual a gente não entende nem Guimarães nem Freire —, até essa dimensão individual, que traz algo de genético em nós também, tem condicionamentos sociais. Então pensar que eu e tu vamos salvar esse país, e, porque vamos salvar esse país, nos juntamos a meia dúzia de coronéis, generais, sargentos, cabos e soldados e transformamos o Brasil de cima para baixo, é um sonho. No dia seguinte estaríamos envolvidos nas falcatruas também.

Eu não acredito nisso. O que eu acredito, Sérgio, é que há momentos na história em que as gerações que participam do poder, que querem participar do poder, encontram-se de tal maneira barradas, quer dizer, as portas de tal maneira se trancaram para as gerações sonhadoras — no sentido bom dessa palavra — que não tem outro caminho senão forçar essas portas com bala. A geração moça de 1964, de 1968, 1969 no Brasil teve a experiência de não ter uma janela! O golpe militar brasileiro é o responsável direto, historicamente, pelos movimentos em que perdemos uma grande quantidade de jovens neste país, que foram mortos. Que eles mesmos, os donos do mundo, mataram. Recentemente, no governo da Erundina, se descobriu um cemitério clandestino [em Perus, São Paulo], e aí se descobriram as ossadas de muitos dos jovens companheiros da época, que foram mortos, fuzilados, torturados, assassinados pelo arbítrio. Mas o arbítrio da esquerda faz o mesmo que fez o arbítrio da direita, entende?

Então a minha resposta para ti é que eu entendo a rebelião, eu entendo a violência do oprimido, eu brigo contra a violência do opressor, que é a geradora da resposta às vezes violenta do oprimido, mas eu luto democraticamente para que os processos de transformação se façam menos dolorosos. E descarto a possibilidade de qualquer melhora de uma sociedade através de um golpe de esquerda...

SÉRGIO: Ou de direita. Bom, o de direita...

PAULO: O de direita, por natureza, já é a desgraça. Mas o golpe de esquerda vira desgraça.

5. IDA À EUROPA: AS PORTAS DO MUNDO E O DIREITO DE NÃO SER BUROCRÁTICO

SÉRGIO: Sim. Paulo, você já estando na chamada capital do mundo, no grande centro nervoso, cultural, econômico do poder americano, lá instalado, bem-situado, podendo examinar o primeiro no terceiro, o terceiro no primeiro... O que é que te leva, afinal, a trocar esse centro do mundo pelo velho mundo? Como essa viagem — que eu suponho tenha sido de avião — para a Europa se dá, num contexto em que você já estava bem? A sua nova realidade de empréstimo lhe era favorável: com os teus passos avançando no inglês e na compreensão dessa realidade, a família estava bem, podia-se esperar que você fizesse o seu ninho ali. Por que não?

PAULO: Claro. Eu tinha recebido até propostas de outras universidades, na própria área de Boston, de Cambridge, para ficar, em lugar de ir para a Europa. Tinha tido uma proposta muito boa de três anos, por exemplo. E era fácil: creio que se eu tivesse ficado, depois dos três anos eu conseguiria mais três, e terminava obtendo essa coisa que eles chamam de... esqueci agora o nome em inglês, mas que no fundo é a nossa estabilidade. Você pergunta muito bem: por quê? No fundo, quando se opta, se faz uma certa ruptura. Ninguém escolhe sem romper. Às vezes a ruptura é muito ferida, ou fere, às vezes a ruptura não fere, mas lhe exige uma avaliação. Tu não podes optar sem avaliar por que tu ficas aqui ou vais para lá.

E centralmente a minha opção, Sérgio, teve a ver com o seguinte: se a ida para a Europa tivesse significado apenas a minha instalação numa certa universidade europeia, possivelmente eu não teria feito essa opção, teria ficado nos Estados Unidos, aceitando visitas à Europa. E por que eu topei largar-me para a Europa e ficar durante um tempo lá? É que eu percebi que o Conselho Mundial das Igrejas, para onde eu fui, iria me oferecer — eu já disse isso não sei se em outro livro; não faz mal que eu tenha dito e que agora eu reafirme o já dito; e, se não disse, estou dizendo —, é que eu percebi, mesmo sem perguntar, na minha leitura do Conselho Mundial das Igrejas, eu percebi que ela iria dar a mim o que nenhuma universidade daria.

Por quê? Porque enquanto a universidade me oferecia uma docência anual, semestral, com grupos de 25, 30 alunos — podia ser até com menos alunos às vezes; o primeiro mundo tem muito dinheiro para permitir que um professor ganhe muito bem para trabalhar com três alunos num semestre, por exemplo, sem que haja malandragem nenhuma nisso; é claro, eles podem, têm dinheiro para oferecer uma pesquisa mais radical —, mas enquanto as universidades me ofereciam isso, que de modo nenhum é negativo, o Conselho Mundial das Igrejas me oferecia o mundo, para que eu me experimentasse como docente. A universidade me dava 25 alunos por ano. O Conselho Mundial das Igrejas abria as portas do mundo para a minha atividade pesquisadora, a minha atividade docente e a minha atividade discente. Quer dizer, no Conselho Mundial, a partir dele, eu teria gradativamente o mundo como objeto e sujeito da aprendizagem. Eu iria ensinar e iria aprender.

E para mim, então, quando eu descobri isso, não havia por que não optar. A única coisa então que eu precisava fazer, e fiz — e eu sonho hoje em ter comigo uma cópia dessa carta a que eu vou me referir —, é que, quando eu tive oficialmente o convite na mão, eu escrevi ao grande teólogo que prefaciou a edição alemã — ele era alemão e diretor do setor, que tinha três subsetores do Conselho Mundial das Igrejas; um desses setores era o de Educação. Coube a ele, e não ao chefe desse setor, o convite para mim. Eu respondi a ele dizendo que, antes de dizer umas três coisas a ele ou à instituição, eu não diria sim nem não, e considerava que não tinha sido ainda convidado. Depois de ele receber aquela carta que eu estava mandando para ele, então ele me convidava ou não me convidava.

E, nessas três coisas que eu salientei, eu falava de minha opção pelos oprimidos — de minha opção radical pelos oprimidos, que são chamados, às vezes, na linguagem religiosa, de pobres, mas eu prefiro chamar de oprimidos e de classes sociais oprimidas; segundo, que eu não aceitava burocratizar jamais meu corpo e minha mente. Por exemplo: se eu estiver um dia numa reunião de trabalho do Conselho, com a burocracia, e achar que dessa reunião eu não aproveito nada que me ajude a progredir, eu saio dela sem explicar. Com cortesia, mas saio. E houve uma terceira exigência que eu colocava. Pouco tempo depois, o tempo do correio, recebo uma resposta, que foi a seguinte: "A partir da sua carta, o nosso convite é mais consciente. É assim que te queremos." Aí eu fui. E saí de muita reunião, e ninguém tinha o direito de protestar, porque sabia do meu direito, que eu criei, o de não ser burocrático.

6. A ciência e o bem-estar da fé: "Ser padre, não, porque não casa"

Sérgio: Agora, Paulo, o fato de você ir para o Conselho Mundial das Igrejas pode ter certamente reforçado a ideia que têm algumas pessoas de que toda a tua abordagem é uma abordagem cristã, de que a *Pedagogia do oprimido*, a moral, a ética que estariam por trás do teu pensamento trazem no bojo os ideais da cristandade, a visão humanista do cristianismo. Como é que você reage, e reagiu, a essa questão?

Aí é uma questão de curiosidade minha: eu gostaria de ter a tua informação a respeito da tua prática cristã, da tua vinculação ou não, formal ou não, à Igreja Católica, à visão do Concílio Vaticano II — que aconteceu num momento em que você já era bem adulto —, à visão ecumênica da Igreja, a partir de João XXIII. Que relações você estabelece, que distinções você faria ao trabalhar num Conselho Mundial das Igrejas, não se identificando necessariamente com ele ou não praticando os aspectos religiosos do ecumenismo cristão?

Paulo: Ao primeiro aspecto da tua pergunta, eu acho que devo remeter o leitor deste livro à leitura da *Pedagogia da esperança*. Lá eu respondo a um bando de críticas sectárias que foram feitas nessa direção, durante os anos 1970. Segundo, eu não tenho por que negar, porque seria uma hipocrisia, seria uma covardia, seria uma traição, negar, por exemplo, a minha convivência com ideais cristãos. Eu não tenho por que negar, de maneira nenhuma, o bem-estar com que eu acredito em Deus. Agora, o que eu tenho de reafirmar é que jamais esse bem-estar — que é o da minha crença, o que ela dá, e não a ciência — me levou a negar a ciência, mas me ajudou muito a criticar e a recusar o cientificismo, essa arrogância, desmoralizada hoje, com que a ciência se pensa esclarecedora de tudo, e não é. A negação que eu fiz do cientificismo, na qual eu fui ajudado pela crença, me fez respeitoso da cientificidade.

E é interessante observar, dos anos 1970 para cá também, e possivelmente muito enfaticamente nos anos 1980 e nos 1990, a presença de cientistas altamente científicos, físicos da nova Física, a dizer, alguns, por exemplo: apesar de eu não ter pessoalmente nada de religioso, não posso como cientista continuar pensando que isso que está ocorrendo no mundo, essa possibilidade da sua preservação, quando a gente sabe fisicamente, matematicamente que, se o mundo desse um erro, de uma fração mínima do mínimo de um segundo, voava tudo no ar, e o fato de não haver esse erro me leva a me convencer de que há qualquer coisa a mais do que a possibilidade de ser acaso. Quer dizer, hoje cada vez mais cientistas se aproximam da possibilidade de haver algo a mais.

Se, porém, a tua pergunta... Aliás ela se estendeu até este ponto em que eu vou tocar agora: com relação ao que se costumou chamar muito no Brasil de praticidade ou não praticidade da religião, quer dizer, se é católico prático, quando na verdade bastava você ser católico, ou ser protestante, ou ser presbiteriano, e não havia por que perguntar: "Prático?" E se pergunta "prático?" é porque no Brasil há uma tradição — eu acho que também em outros países do mundo — de o sujeito professar uma certa crença, mas não buscar vivê-la em sua plenitude. Mas aí no meu caso, por exemplo, que é o caso de muita gente, a questão entre a praticidade ou não de minha catolicidade não me leva a uma contradição, por exemplo, entre me dizer ou me pensar de um modo cristão amoroso, de um lado, e, de outro, de reduzir a postura humanista a apenas uma certa posição idealista-humanista, em que os cristãos sempre correm o risco de cair.

E, por isso mesmo, então, desconhecer certas verdades que o marxismo sublinhou e desnudou: comigo não se dá isso. Quando eu falo na não vivência prática, não tem nada a ver com um descompasso ético entre a minha fé e o meu comportamento no mundo. Aí eu busco uma grande coerência. Por exemplo, eu não posso ao mesmo tempo continuar falando — mesmo que não fale muito — da minha fé e explorar quem trabalha comigo. Eu não poderia jamais justapor a minha fé ao fato de dizer ao seu Carlos — que trabalha comigo, como meu motorista e de Nita, podendo pagar a ele o que estamos pagando —, regatear com ele, que irei pagar menos, amedrontá-lo, por exemplo: falar diariamente na crise, no desemprego em São Paulo... Ao mesmo tempo em que falar no desemprego em São Paulo, ameaçando-o, amedrontando--o, abanar com a mão acenando que possivelmente amanhã eu posso pagar um pouquinho mais. Isso eu não faço de jeito nenhum! Então, nesse sentido, o meu discurso é coerente com a fé. Agora, se você me pergunta — já perguntou também — em termos dessa praticidade formal, aí não.

SÉRGIO: Você nunca pensou em ser padre?

PAULO: Nunca pensei em ser, pelo contrário: quando minha mãe me fazia a velha pergunta das mães e dos pais brasileiros — eu acho que não mais hoje, a tua geração não perguntou a menino nenhum, a filho nenhum — "o que é que você quer ser?"... Minha geração ouviu isso; todos os homens e mulheres de minha geração ouviram essa pergunta de seus pais: "Meu filho, quando você crescer, o que é que você vai ser?" E às vezes é o próprio pai que insinua: "Vai ser médico? Vai ser oficial da polícia? Vai ser oficial do Exército? Vai ser engenheiro?" Eu aceitava tudo! Mas, quando se perguntava: "Vai ser padre?", eu pulava como um cabrito, e dizia "não!" E me perguntavam: "E por quê?" E eu dizia: "Porque não casa." Quer dizer: a grande restrição minha era o problema de não ter mulher. Mulher para mim é uma coisa maravilhosa. E não digo isso com nenhum ranço machista. O sexo... respeito todas as opções sexuais, mas a minha é a de ter uma mulher aqui — não é igual a mim, por isso mesmo, sexualmente *(Sérgio cai na risada)* pode ser que se diga que eu sou machista dizendo isso. Eu acho que não.

SÉRGIO: Não, o que se poderia criticar é quando você diz que mulher é uma coisa...

PAULO: E, uma coisa, mas aí é expressão, essa "coisa" entra aí como linguagem: "Deus é uma coisa fantástica", não é a objetivação. Agora, o que não me preocupa hoje — me preocupou antes — é a missa, por exemplo, é o confessionário. Nada disso. Mas o fato de eu não exteriorizar e não viver a experiência do exterior de minha fé não afeta em nada a minha fé. Eu diria: eu vivo a substantividade da fé, mas não a adverbialidade da fé. Não é indo à missa das nove que eu reforço ou não reforço, eu pessoalmente, e não há nisso nenhuma arrogância minha tampouco. Eu digo isso até com humildade, porque eu não faço muita força para ter fé, isso é que eu acho fantástico. É que eu tenho fé!

Por exemplo — isto é só um pormenor, porque não me agrada estar falando todo dia da morte de Elza, por várias razões; primeiro porque eu estou casado com Nita e eu tenho que respeitar também a presença de uma mulher que me proporcionou a volta do querer bem à vida, tanto quanto Elza me proporcionou o começo desse querer bem... Mas, por exemplo, quando a Elza morreu, o que me doeu demais, me destroçou, eu não tive nem um dia sequer o ímpeto de perguntar "por quê". Eu jamais indaguei isso, eu achava que era indevido demais, que eu não tinha por que perguntar "por quê". E não era por causa da ciência, não, isso era por causa da fé, entende?

Então, eu vivo hoje, com 71 anos, eu não diria jamais a plenitude — ninguém vive a plenitude de nada —, mas eu vivo a busca dessa plenitude da fé. Mas isso nunca me fez reacionário — entende? —, isso é que eu acho fantástico! Isso nunca me atrapalhou o querer bem ao povo, a defesa dos interesses dos oprimidos, dos condenados, dos violentados. Pelo contrário, a *fé* me empurrou para isso, até hoje.

SÉRGIO: Paulo, vamos voar para a Europa?

PAULO: Vamos, vamos para a Europa, daqui a pouco.

IV
Europa, aeroporto para o mundo

1. Muriatãs, bem-te-vis, sabiás: uma paixão pelos passarinhos

Sérgio: Paulo, como nós estávamos falando em voar, o comentário que eu gostaria de fazer, também registrado na memória — nesse voo de reminiscência, razão e crítica que a gente faz, quando perfila na cabeça a própria história —, é que me vem à memória, da convivência de tantas vezes, os trinados às vezes que eu ouvi, em diferentes lugares, e que não eram feitos por nenhum passarinho: era você mesmo assobiando. Isso eu suponho que vem de menino, essa história dos passarinhos, não é?

O que gostaria de saber de você, desses voos todos — ora voando dos Estados Unidos para a Europa, ora depois voando pelo mundo, através do trabalho no Conselho Mundial das Igrejas —, se esses voos foram alguma vez inspirados no teu observar dos pássaros, como o trinado também? Você aprendeu alguma coisa em particular com passarinho, até quando você era pequeno, ou é só mais um trocadilho com o livro do Lauro [de Oliveira Lima], o das histórias da educação no Brasil, de Pombal a Passarinho? Como é essa história aí de passarinhos, Paulo? Por que é que você trina?

PAULO: Parte da minha infância eu vivi em beira de córregos, em beira de rios, de maneira que passarinho, peixe e água sempre exerceram sobre mim um fascínio, que, aliás, não deve ser só sobre mim. Uma das coisas que mais me encantam aqui, por exemplo, nesta casa onde eu moro, neste bairro em São Paulo, é exatamente, de um lado, uma quantidade significativa de verde que a gente tem, cercando o bairro, de outro, as ordenações municipais que não permitem que se plantem pedaços de cimento armado aqui, quer dizer, não é permitida a construção de edifício aqui. Por causa do verde, por causa da impossibilidade de se levantarem altos edifícios, há uma quantidade enorme — para uma cidade grande e cimentada como esta — de pássaros aqui.

É uma coisa que me fascina em casa, além do meu passarinho cativo. Então os periquitos, os bem-te-vis, os sabiás, que enchem esse pedaço de terra onde a gente mora... Os sabiás, por exemplo, enganando o Jim e a Andra, que são os cachorros, um casal de pastores-alemães, aproveitam a ausência deles e vêm comer os restos das rações deles... Os sabiás têm uma convivência com a gente aqui nos deixando próximos deles...

Isso tudo me faz um pouco relembrar a meninice, e na meninice a minha relação com as aves, a partir de um certo momento, foi distorcida, foi desorientada, porque, possivelmente em face da crise que eu vivi com a minha família — da qual eu já tenho falado muito —, eu passei a fazer os meus badoques, como a gente chama...

Sérgio: Os estilingues...

Paulo: ... os estilingues, e me tornei um bom artesão para fazer aquilo, com as forquilhas de goiabeira, com borrachas...

Sérgio: ... lascas de borracha de pneu, de câmaras de ar, não é?

Paulo: ...câmara de ar, e me tornei também um exímio atirador de baladeira, como a gente chama também, ou de badoque, de estilingue, e com isso, instigado possivelmente por certas necessidades, eu terminei me viciando em, malvadamente, matar pássaros. Hoje eu os vejo, os escuto, quase como pedindo desculpa pela morte de alguns deles, as quais eu provoquei quando era menino. *(Sérgio cai na risada)* Mas mesmo enquanto atirador de badoque, de baladeira, atirando em sanhaçu, atirando em rolinha, atirando em periquitos etc., eu tinha e continuo tendo uma paixão especial por eles.

Até que eu lhe digo: eu acho que a lei brasileira está correta quando pune, quando proíbe que os pássaros nacionais — que são livres e que se supõe vivem a sua vida natural — sejam presos, sejam postos em cativeiro. E eu até que obedeço a essa lei. Mas, por exemplo, quando eu vou ao Recife, e do Recife eu me estendo um pouco até uma cidade famosona dessas brasileiras, e depois no mundo — porque foi o berço desse grande gênio do trabalho em barro, o Vitalino —, a cidade de Caruaru, que tem uma grande e também já histórica feira, eu aí passo duas horas, por exemplo, no setor dos pássaros. A lei não chegou lá. *(Sérgio ri)* E quando vou de avião não dá, porque há alguma fiscalização também no avião, e eu poderia também um dia ser molestado, com toda a razão legal, e eu não gosto de ser. Mas me dá vontade de, voltando para casa, trazer uns passarinhos, que eram os passarinhos mais amados de minha infância, como um pássaro lindo, cheio de cores, que, pelo menos lá, se chamava muriatã — deve ser nome indígena —, o papa-capim, o curió — que viraram famosos pelo seu trinado —, os sanhaçus, que aqui em São Paulo existem também, de porte menor que os sanhaçus do Nordeste, e aqui se chamam sanhaços… Até aqui em casa, nessa jabuticabeira, vêm os sanhaços também.

Eu me lembro, meu pai tinha todos esses pássaros, em gaiolas boas, que ele mesmo fabricava. Havia um tipo de sanhaço, ou sanhaçu, que era cor de vinho, mais para roxo que para azul. Quer dizer, eu tenho e tive uma intimidade bem grande. Hoje eu não tenho essa intimidade com pássaros, a não ser vendo-os aqui pertinho de mim, mas não em minhas gaiolas. Mas eu tenho uma amorosidade muito especial aos pássaros, ao canto dos pássaros. Essa coisa me embala até.

2. Assobiando uma suíte de Bach: "Professor, cuidado com a voz!"

Sérgio: Sim, mas e a história do assobiar? O assobiar vem de onde?

Paulo: Bem, o assobiar vem de mim mesmo. Não deve ter sido uma tentativa de imitar os pássaros…

Sérgio: Mas você não foi o primeiro a assobiar. Como é que você aprendeu?

Paulo: Ah, bem, isso já não me lembro, mas aprendi a assobiar assobiando, aprendi fazendo.

Sérgio: *(rindo)* Quando?

PAULO: Ah, quando menino, eu devia ter uns cinco, seis anos. E eu ainda hoje faço isso. Eu não sei se já contei isso, mas me lembro de que uma vez eu ia da casa onde eu morava em Genebra, do bairro Grand Laney, para o Conselho Mundial das Igrejas, num táxi. Sentado atrás, eu ia assobiando uma suíte de Bach. E quando cheguei no Conselho, paguei, disse "até logo", o chofer, muito cortês, me olhou, riu, e disse:

— Muito obrigado pelo concerto. Eu amo Bach!

Quer dizer, eu assobio pedacinhos de coisas clássicas e canções populares de que eu vou me lembrando. Ainda hoje de manhã eu estava fazendo isso aqui, no intervalo. Me distrai muito, como me distraía enormemente cantar. Agora, a voz ficou bastante estragada. É impressionante algumas gravações que eu tenho aqui em casa, cassetes de 1970. Algumas cuja discussão eu nem sei mais onde se deu, não registrei, mas reconheço que é dos anos 1970 pela clareza da voz. Isso me dá pena, porque, para falar o discurso diário, ela está mesmo rouca. Mas não dá mais é para cantar, porque para cantar eu perdi até as modulações. Certos graves eu não dou mais, certos agudos eu não posso dar, e isso me dá — é engraçado — um pouco de tristeza, porque eu gostava muito de cantar, mesmo sozinho, no meu quarto, na minha biblioteca. Não numa altura que o vizinho escutasse, mas que eu mesmo escutasse. Mas hoje eu tenho horror a fazer isso, porque eu percebo completamente o meu declínio. É como se eu tivesse sido um grande cantor, e hoje me tornasse o desastre que sou. *(ri)* É uma tristeza, isso. Mas o assobio, não.

SÉRGIO: Por que é que você não procura uma pessoa que possa te ajudar na recuperação da voz?

PAULO: Eu já pensei nisso, mas acontece que, de um lado, eu acho que a minha voz se sacrificou porque era uma voz comum, mas uma voz que tinha uma certa harmonia, uma certa melodia etc. De um lado, ela deve ter-se sacrificado um pouco com a própria poluição; mas a poluição não é responsável por tudo isso, porque os grandes cantores aqui em São Paulo, no Rio etc., que estão submetidos até talvez mais do que eu à poluição, no entanto, não perderam a sua voz. O outro lado, que é o que deve ser a razão científica, são os 71 anos de um cara que passou cinquenta desses 71, no mínimo, atuando como professor...

SÉRGIO: Falando por quanta junta tem...

PAULO: ... falando, dando aula, sem nenhum cuidado, fumando muito durante um longo período desse tempo, e sem nenhum cuidado que um cantor tem que ter. Então, eu acho que um professor deveria ter esse cuidado; eu não tive, e continuo não tendo. Hoje, quando eu penso nisso, eu digo: mas será que vale a pena desviar tempo do meu pouco tempo, para escrever e para ler, para ir a uma fonoaudióloga ou fonoaudiólogo, para consertar possivelmente irreparáveis cordas vocais? Não vale a pena nem gastar o pagamento da primeira consulta.

SÉRGIO: Ah, eu discordo disso, Paulo. Por quê? Você acha que é tarde? Você tem 71, pode ter mais não sei quantos anos pela frente! Eu não acho, não. Eu acho que se deve procurar mesmo, se você está interessado, nem que seja a tal história popular do gargarejo, de água com salmoura e limão, e tomar mel... Eu acho que não é nada tarde, não. Eu nesse ponto não concordo.

Mas o nosso discordar aqui não incide sobre coisas fundamentais da história, porque, mesmo que tua voz seja menos límpida e um pouco mais rouca, não será esse fator, a meu ver, que vai provocar uma incompreensão ou uma incomunicação de você com as outras pessoas, de você enquanto ser intercomunicante. Então nesse sentido é que eu não vejo essa questão como fundamental. Mas o que me vem à ideia nessa questão do "ser tarde", do "já é tarde para mim", é a imagem da velha senhora colocada na capa do *Pedagogia do oprimido* da edição uruguaia. Essa foto, por exemplo, me fez perguntar: "Mas como é que uma senhora, já velha como ela é, não pensa que é tarde demais para aprender a ler, por exemplo?" Porque um indivíduo aos 71 anos, analfabeto, também poderia chegar à conclusão de que vai aprender a ler, e eu tenho certeza de que ele aprende mesmo.

PAULO: Mas para mim essa coisa da limpidez ou não da voz não é prioritária. É um negócio profundamente secundário, porque, por exemplo, eu não sou profissional da voz enquanto cantante. O que eu estou tendo é a rouquice na minha voz, a menos que um especialista me diga: "Isso é um perigo, isso é sinal de que pode haver qualquer coisa mais grave." Mas só pela satisfação de eu cantar, não me convenço de ir fazer um tratamento. Seria perder tempo, apesar de toda a gostosura que eu sinto em cantar. Prioritariamente eu tenho outras coisas para fazer que me deleitam do mesmo jeito.

3. Terceiro momento, dez anos na Europa: "Eu nunca talvez tenha sido tão livre!"

SÉRGIO: Entre essas coisas que podem ser mais prioritárias está, por exemplo, o passo dado dos Estados Unidos para a Europa. É sobre esse passo, e essa nova vida que você começou, que eu gostaria que a gente se debruçasse. Antes de passar a bola para você: eu vejo muito esse refazer, esse reconhecer da história das pessoas, da nossa, como um estabelecimento também, à medida que a história passa, de determinados ciclos históricos, e anos, datas, momentos que são determinantes, enquanto outros anos, não, nesse marcar de ciclos da história.

Eu vejo, por exemplo, essa sua passagem dos Estados Unidos para a Europa como uma espécie de completar um ciclo da própria história num determinado continente, e depois um começar de novo — no sentido de que é o ser diante de um desconhecido e, ao mesmo tempo, o mesmo ser que traz toda a bagagem da sua experiência anterior. Então, é dentro dessa maneira de ver até que eu gostaria que você avaliasse — como maneira de encarar a história, e concordasse ou não — o começar na Europa como uma espécie de aeroporto para o mundo. O que representou para você impressões concretas, a chegada no aeroporto, por exemplo, a primeira experiência de táxi, ou no mercado; e impressões também mais intelectuais, mais profissionais, no sentido do seu trabalho com o Conselho Mundial das Igrejas? Como é que foi isso?

PAULO: Olha, quando eu cheguei a Genebra, era a segunda vez que eu ia à Europa. Eu tinha estado em Paris — creio que já falei disso em outro encontro — quando meu exílio era em Santiago. Eu tinha ido à Unesco para fazer uma série de discussões em torno do meu trabalho não apenas no Chile, mas antes, no Brasil.

A chegada a Genebra, que era a chegada à Europa — e já agora com a certeza de que para uma duração de tempo maior —, foi uma coisa que me emocionou, que me provocou assim num certo sentido da experiência da curtição. Quer dizer: eu cheguei a Genebra disposto a curtir um pouco a Europa, e para isso disposto sobretudo a partir da experiência anterior, que eu acho que foi bem vivida, de exilado no Chile... Eu já tinha aprendido no Chile o que significa o exílio, enquanto ruptura, enquanto possibilidade ou tentativa de re-visão e de re-construção do próprio ser do exilado, envolvendo questões culturais, adequações, inadequações, frustrações, medos, inseguranças, saudades... Tudo isso tinha provocado em mim necessariamente um aprendizado que eu tinha iniciado no Chile, e que eu tinha continuado, durante quase um ano, nos Estados Unidos.

Então, num certo sentido, quem levou vantagem de meu exílio foi a Europa, porque cheguei lá num terceiro momento. Eu tinha dividido até então o exílio entre Chile, durante quatro anos e meio, e durante quase um ano nos Estados Unidos. Eu me dei à Europa com a possibilidade de viver muito mais tempo lá. Realmente, vivi dez anos em Genebra.

A primeira coisa que me preocupava era saber até que ponto eu ia me mover bem num contexto diferente, sobretudo no contexto do trabalho, que era uma casa de fé, uma casa ecumênica — na verdade é ou foi, durante o tempo em que eu estive lá. Nunca ninguém me perguntou, no Conselho Mundial, em dez anos, se eu era isso ou aquilo, do ponto de vista religioso. Nunca eu fui chamado pelo secretário-geral — que era assim uma espécie de papa — para me dizer "se acautele!", ou "modere um pouco o seu discurso!", nada! Eu nunca talvez tenha sido tão livre, enquanto trabalhador, quanto fui lá.

Então, finalmente, o contexto de Genebra, que pouco a pouco se prolonga, se estende ao resto do mundo, foi o contexto de uma grande, de uma enorme riqueza de aprendizado para mim. Claro, deve ter havido uma série de momentos em que eu tive um espanto maior, um espanto menor, mas os espantos são absolutamente fundamentais e necessários ao processo de conhecimento. Quer dizer: quando alguém não se espanta mais, já não sabe, já não pode saber. Por isso é que os arrogantes, inclusive, para mim, tendem a não saber, tendem a pairar sobre a possibilidade do saber, porque os arrogantes nunca se espantam. Eles sabem tanto que nunca se espantam, nunca se assustam. E, quando o sujeito perde essa disponibilidade para o susto, deixa também de conhecer.

Por exemplo, aquela exatidão das horas, aquele compromisso muito mais com o esquema do que com o conteúdo, isso tudo me deixava às vezes pensando, argumentando. Eu procurava entender, e acabei entendendo mesmo: como tudo isso ia levando, ou vai levando-nos, a essa coisa que eu chamo de "burocratização da mente", na qual a gente não é capaz de ir mais além do esquema que a gente mesmo estabelece.

4. A *Pedagogia do oprimido* e o anúncio da queda do muro

Paulo: Depois de pouco tempo em Genebra, eu começo a primeira viagem aqui, a primeira viagem ali, porque é exatamente aí que coincide... Eu cheguei no começo de 1970, em fevereiro, e a *Pedagogia do oprimido* aparece em Nova York em setembro de 1970. No fim de 1970, eu tinha dez meses de Genebra, quando a *Pedagogia do oprimido* aparece, e em seguida ela deu assim um estalo, que não foi só em Nova York, foi no mundo. Sua existência começou a ser conhecida. E, na medida em que começou a ser conhecida a sua existência, ela começou a ser traduzida para outras línguas. Por toda essa parte eu remeteria o leitor à recente *Pedagogia da esperança*, porque eu descrevo tudo isso, tomando a *Pedagogia do oprimido* como a figura principal das tramas de que eu participei como autor do livro.

Mas foi exatamente a *Pedagogia do oprimido* — e aqui não faz mal nenhum que eu repita — que, espalhando-se pelo mundo em diferentes línguas, provocou fortemente a minha andarilhagem, à medida que universidades, grupos populares, grupos políticos progressistas na época, grupos sindicalistas, como em Roma, por exemplo… à medida que esses grupos começaram a ler a *Pedagogia do oprimido* e a se assenhorear do que propunha e do que ela falava, então eu comecei a ser convidado. Em certo sentido, era a própria *Pedagogia* que preparava o terreno e que me levava aos diferentes sítios. Então isso se deu em toda a vida, e continua acontecendo hoje.

É interessantíssimo como esse processo, vinte anos depois, é o mesmo hoje, com uma reativação enorme da *Pedagogia do oprimido*, na Inglaterra, nos Estados Unidos e na Europa, depois da chamada queda do muro [de Berlim]. Quer dizer, quando muita gente pensava que a *Pedagogia do oprimido* se acabaria com a queda do muro, a *Pedagogia do oprimido* é como se tivesse renascido. Ela se levanta, e é como se ela dissesse: "Vejam bem, em mim estava já um pouco do anúncio da queda dessas coisas." Sem ter sido, porém, esse anúncio, de modo nenhum, um anúncio reacionário.

A *Pedagogia*, então, e isso eu ouvi de dois jovens alemães, dois anos atrás, me entrevistando na Itália, que me disseram, cada um a seu tempo, que tinham relido a *Pedagogia do oprimido* depois da *débâcle* de tudo isso e tinham confirmado que o livro — para eles pelo menos — era mais atual hoje do que antes. Eu acho que com isso eu respondo um pouco a tua pergunta. Mas, antes de eu mesmo lhe dizer qualquer coisa mais sobre, por exemplo, como trabalhei no Conselho Mundial, como trabalhei na Universidade de Genebra, eu lhe perguntaria como chegaste à França, o que te levou lá, por que tu foste, e o que tu fizeste lá. Eu me lembro de que te conheci lá. Tu eras muito menino quando eu estava aqui [no Brasil] e no exílio. Então eu te conheci lá, quando tu trabalhavas na Universidade de Lyon, ensinavas na Universidade de Lyon, e me procuraste um dia. Tenho impressão de que tu me telefonaste...

SÉRGIO: Isso, telefonei primeiro...

PAULO: ... Marcamos um encontro, e tu vieste a Genebra e almoçamos juntos. Tivemos um primeiro longo papo, em que tu falaste da tua experiência docente em Lyon, de algumas grandes esperanças em torno do que fazias, de algumas frustrações... Falaste já de sucessos e insucessos, naquela época, e depois voltaste com alunos teus. Fizemos até uma gravação. E depois me levaste a Lyon [à Universidade Lyon II], onde eu passei uma tarde inteira, e depois jantamos juntos.

Então, fala um pouco disso, porque eu acho que — até quando a memória não me trai — as coisas de que tu participaste, num primeiro momento em Lyon, na França, quer como professor, quer como candidato a uma tese de doutoramento que, por motivos mais políticos, e até científicos também, tu não terminaste ainda… Porque de lá tu voaste para a África… Mas o que tu andaste fazendo pela Europa e o que tu fizeste em Angola, por exemplo, e em seguida voltaste ao Brasil; esta trajetória lhe ensinou muito, e o teu aprendizado pode continuar ensinando aos que pensem coisas parecidas.

V
Espanha: a agonia do franquismo

1. Dezenove latino-americanos no lado basco e um anarquista defendendo a ordem

Sérgio: Eu vou procurar responder primeiro ao "como chegaste lá?". Antes de chegar a Lyon, eu morei sete meses em Pamplona, no norte da Espanha.

Paulo: Ah, exato.

Sérgio: Participei lá, com dezenove companheiros latino-americanos, de um curso que era promovido pela Facultad de Ciencias de la Información da Universidade de Navarra. Era uma bolsa que eles faziam — e tenho a impressão de que continuam fazendo ainda, todo ano — dedicada a profissionais recentemente formados, jovens que trabalham nos meios de comunicação de massa na América Latina, permitindo a eles uma espécie de curso de pós-graduação, de extensão universitária, aprofundando determinados aspectos da área de comunicações: aspectos de filosofia, de história, aspectos técnicos de linguagem, de rádio, de cinema, de televisão, aspectos de jornalismo comparado — como a gente chama a análise comparativa de diferentes imprensas, em diferentes países etc.

Era uma bolsa de estudo muito disputada na época: para o Brasil havia quatro vagas, quatro para o México... Então vinham os outros países representados; estavam quase todos. Países que não estavam, de que eu me lembre, eram Cuba — o que não é de espantar, como veremos —, os pequenos países como o Suriname, a Guiana Inglesa; esses pequenos países não latinos não estavam. Da Nicarágua não havia ninguém. Mas da América Latina estavam quase todos os países, representados sempre por uma, duas, três ou quatro pessoas: do Uruguai havia um, da Argentina também, Bolívia, Peru, México, Venezuela, Equador, Colômbia... jovens recém-formados, que se reuniram lá.

Eu nessa época estava terminando aqui — nós estamos, portanto, em fins de 1974 — o curso de Comunicações, na Escola de Comunicações e Artes da Universidade de São Paulo. E continuava firme, como professor efetivo da rede municipal de ensino, numa escola, lá no [bairro do] Rio Pequeno, a escola municipal de 1º grau General Álvaro da Silva Braga. Não sei se mudaram o nome, porque era um nome de general, na época. Eu continuava lá, terminando a faculdade e dando aulas naquela escola. Nesse ano, eu dava aulas para uma 4ª série primária, uma turma que meus colegas achavam que era de pré-delinquentes.

Essa bolsa na Universidade de Navarra permitiu que, assim que eu terminasse a faculdade, os quatro anos de Comunicações, eu fizesse uma passagem pelo lado basco da Espanha — porque Navarra já é a parte basca — durante sete meses. Saio daqui, lá encontro duas jornalistas brasileiras e um jornalista brasileiro — éramos quatro, participando desse grupo de latino-americanos. A disputa tinha consistido no envio de uma requisição de bolsa, dessas com questionários sobre as intenções, os gestos, as perspectivas que se queria, e numa entrevista feita por um professor da Universidade, que fez um périplo aqui pela América Latina, entrevistando centenas de candidatos; depois indicaram os felizardos.

Era a primeira vez que eu ia à Europa. Chegamos num frio danado. Era janeiro de 1975, eu não tinha roupa de inverno, a bolsa não era lá grande coisa — apesar de que ajudava bem; eram 16 mil pesetas, na época. Mas nos arranjamos e começamos o curso. Alugamos um apartamento, tudo muito separado: as moças alugaram entre elas, os rapazes entre eles. Na nossa *república* havia um uruguaio, um argentino e os dois brasileiros.

O que havia de interessante nesse convívio de *república*, de pequena comunidade — convívio que eu já tinha tido aqui em São Paulo, durante o tempo da faculdade —, é que se expandiu para o lado latino-americano. O uruguaio, por exemplo, tinha determinadas manias. Politicamente, ele era anarquista, mas vivia fazendo discurso sobre a necessidade da ordem dentro da casa: que não era possível que ninguém lavasse os pratos, que ficassem as camas na sala com tudo jogado e por fazer, e por que é que não se estabelecia um cronograma? Ideologicamente, a cada discussão que havia, ele dizia que era anarquista, mas sempre defendendo a ordem, uma ordem na qual ele não tivesse também muito que trabalhar...

2. A Opus Dei, *Don* Miguel e a Revolução dos Cravos

Sérgio: Essa foi uma época terrível na Espanha, porque já era a agonia do franquismo, tendo ao lado um Portugal revolucionado com os cravos, em abril de 1974, com um medo enorme de contágio, de que isso se propagasse pela Península Ibérica, essa Revolução dos Cravos... Então foi uma época na Espanha de espíritos hirsutos, espíritos tensos, nos bolsões conservadores que estavam evidentemente no poder.

Para que você tenha uma ideia também do clima ideológico que pairava, sem muito dizer, Paulo, nós ficamos sabendo então que a Universidade de Navarra era completamente embebida pela Opus Dei. Na composição dos professores, eram todos membros da Opus, com a exceção de um deles, que me vem sempre à memória: um basco, *Don* Miguel Urabayen. Usava sempre uma boina, aquela enorme boina basca na cabeça, já meio careca, meio grisalho. E vestia uma capa de vez em quando. Quando ele chegava na universidade, naquele frio, todo mundo sabia: "*Don* Miguel, *Don* Miguel Urabayen!"

Ele era considerado um dos mais brilhantes advogados e professores da área de Comunicação na época, tendo-se já especializado um pouco no que então se chamava de "direito à intimidade", no campo do direito à informação. Ele tinha trabalhado muito sobre os aspectos jurídicos da realidade dos meios de comunicação de massa e, especificamente, o problema dos *paparazzi*, dos fotógrafos-jornalistas: os limites que o jornalista e uma personalidade pública podem ou devem estabelecer, ou que a Justiça deve estabelecer em termos de domínio da imagem. Posso eu te fotografar com uma lente de 200mm, na intimidade da tua casa, sem nenhuma autorização? Tem você, Paulo Freire, por exemplo, direito à imagem depois? Processando o fotógrafo, você ganha? Você perde? Todos esses aspectos jurídicos ligados ao direito à informação, ao direito à intimidade, à própria imagem, eram aspectos que ele naquela época já discutia, e era considerado uma autoridade no assunto. Além disso, não era nada simpatizante do regime franquista.

Além dessa parte da especialização em direito da informação, ele era também crítico de cinema, no *Diário de Navarra*. Era um homem que tinha uma cultura cinematográfica e um arquivo de imagens ambulante da história do cinema extraordinários! E, para fechar tudo isso, ele era professor de Jornalismo Comparado, estimulando, instigando sempre a gente a conhecer diferentes formas de imprensa em diferentes países, a entender jornais como o *Le Monde* e o *Le Figaro*, tendências diferentes dentro de um mesmo país, o perfil dos leitores de uns e de outros, orientações, escolhas de espaços em função de preferências ideológicas ou não, análises de conteúdo etc.

Don Miguel era um homem que conhecia e nos levava muito à pesquisa das diferentes formas de jornalismo, como uma maneira inclusive de virmos a ser melhores profissionais nos nossos próprios países, mas de entendermos também que, em função de diferentes sociedades e de diferentes tendências ideológicas, havia este ou aquele tipo de jornal ou de revista. Era um homem que conhecia então, da imprensa europeia, muitos diretores de jornais, diretores de rádio, de televisão. Fizemos também com ele um périplo depois, conhecendo diferentes jornais. Ele sempre insistindo que nós deveríamos, à esquerda ou à direita, procurar uma certa crítica, uma certa análise, tendo sempre como fundo a história, a dinâmica do social.

Esse homem deixou uma marca muito grande em todos nós que fizemos esse curso, e em todos os que passaram por lá, porque era um homem que nunca se curvava diante de qualquer arbitrariedade, inclusive as arbitrariedades cometidas contra os alunos. Era um homem que assumia a responsabilidade de determinados temas que fossem tratados pelos alunos.

Apenas para te dar um exemplo: o grupo de que eu fazia parte, na área de Jornalismo Comparado, resolveu fazer uma análise comparativa entre a imprensa portuguesa, espanhola e brasileira. Ora, como eu havia lhe dito antes: todo esse problema do contágio da revolução portuguesa levou alguns professores da Universidade de Navarra — e mesmo a própria direção — a hesitarem um pouco diante de abordarmos esses determinados temas. E não só. Nós fomos até o 25 de abril de 1975. Saímos de Pamplona num carrinho Peugeot, que não tinha lá muita documentação em ordem — havia dúvidas quanto ao passado desse Peugeot 403, que nós chamávamos de *Getulio Varela*. *(Paulo ri)* A turma dos quatro, que tinha alugado o apartamento, tinha também comprado esse carro com papéis duvidosos: tinha a *carte grise* francesa, mas estava na Espanha só com um contrato pessoal de venda; aqueles problemas que havia nos países bascos, ali, a parte das fronteiras... E nós afinal nunca ficamos sabendo se esse carro tinha servido a alguma operação clandestina ou não. Compramos o carro e usamos, um carro excelente, o *Getulio Varela*. E nós fomos nesse carro até Portugal. Isso tudo nos deu muitos problemas.

Muito bem, *Don* Miguel Urabayen disse: "Não se preocupem. Vão, façam a tese, e eu garanto que vocês vão até o fim." E fizemos a tese até o fim, mas tivemos muitos problemas, porque não só cutucávamos com temas incômodos, como essa pesquisa envolvendo a imprensa portuguesa depois da Revolução dos Cravos, mas também porque começamos a desvendar um pouco os corredores da Opus Dei, propondo, por exemplo, programas de rádio, na matéria de rádio, sobre a Opus. Pudemos levar à frente o curso, mas com muita dificuldade, porque obviamente isso gerou muito desconforto e, entre outras coisas, fez que nós tivéssemos até hoje apenas o atestado de frequência. Nós, que fizemos parte desse grupo, nunca recebemos de Pamplona o diploma da faculdade, apesar de termos feito os créditos e tal.

Desse período, eu reteria essa experiência na Universidade de Navarra e, evidentemente, todo o empapamento que se deu das corridas de *los sanfermines*, dos vinhos, das tascas, da cultura basco-espanhola. Terminou isso, acabou-se o que era doce: eu tinha de voltar para o Brasil e reassumir a minha cadeira de professor primário no bairro do Rio Pequeno, em São Paulo. E foi o que eu fiz. Voltei para o Brasil, disposto a reassumir.

3. Um peso enorme na bagagem de mão

Sérgio: Acontece que, um pouco antes de ir para Navarra, eu fiquei conhecendo um professor da Universidade de São Paulo, José Aderaldo Castelo, que era o titular da cadeira de Literatura Brasileira da USP. Ele na época era o conselheiro, digamos, dos acordos entre as universidades brasileiras e as universidades francesas para a escolha de professores brasileiros que seriam convidados, depois de uma seleção, a ocupar cadeiras, na área de Letras, de cursos em universidades francesas. Havia uma certa coordenação feita por meio do Ministério das Relações Exteriores, o Itamarati, mas era o professor José Aderaldo Castelo que sugeria, analisava currículos e indicava candidatos a entrevistas.

Apesar de não estar fazendo Letras, mas com interesse por literatura, eu o conheci na universidade, e ele um dia me perguntou se eu não estaria interessado numa oportunidade como essa. Eu disse que estaria, mas que não era da área de Letras, e que eu duvidava muito de que pudesse assumir cadeiras como Literatura Brasileira/Estudo de Autor; fazer, por exemplo, um ano inteiro de curso, como eu fiz depois, sobre Mário de Andrade, Graciliano Ramos... Eu disse que não tinha muita formação, mas ele retrucou: "Eu sei que você não tem, mas tem formação em Comunicações. Se você se empenhar, nós fazemos uma série de encontros aqui, discutimos juntos, preparamos um roteiro de leituras, de estudos que você vai fazer. Enquanto você vai para a Espanha, você vai estudando."

E, Paulo, primeiro fizemos esses encontros, e depois ele me deu uma relação, devia ter mais de cem livros de literatura brasileira, de civilização brasileira, de cultura brasileira, que eu tinha de ler, se eu quisesse me candidatar a uma oportunidade dessas. E lá fui eu para a Espanha, levando os meus quilos permitidos e mais um peso enorme na bagagem de mão, quase tudo de livros: Celso Furtado, Caio Prado Júnior, todos os livros de Mário de Andrade, José Lins do Rego, Graciliano Ramos, Gilberto Freyre, os livros de história de literatura brasileira, Alfredo Bosi, e tantos outros que me foram indicados pelo professor Aderaldo Castelo.

Ele dirigia também, na época, o Instituto de Estudos Brasileiros da USP, que tinha herdado praticamente todo o acervo, entre outros, de Mário de Andrade. Isso me permitiu, por exemplo — ainda estando aqui, e já me preparando para poder fazer depois um curso sobre Mário de Andrade —, sentar na própria escrivaninha do Mário, "conviver" com a máquina de escrever e outros materiais do próprio autor, além de conviver um pouco com o professor Aderaldo Castelo, compensando assim a minha falta de formação acadêmica em Letras, para poder estar em condições de competir.

Pois bem, enquanto fazia o curso na Universidade de Navarra, fui lendo e fichando aqueles livros todos. Quando voltei da Espanha, fui entrevistado, com outros candidatos, por *Mme.* Simone Saillard, que era a chefe do Departamento de Letras da Universidade de Lyon II, que eles chamavam de UER — Unité d'Enseignement et de Recherches de Lettres et Civilisations du Monde Méditerranéen.

PAULO: Você me apresentou a ela lá.

SÉRGIO: Exato. Ela veio ao Brasil, entrevistou vários candidatos — havia inclusive um doutor em Letras —, e afinal eu acabei recebendo o convite para ir a Lyon.

VI
França: a busca da liberdade em sala de aula

1. *Le portugais* e *le brésilien*: um trabalho de animação cultural

Sérgio: E lá vou eu, chegando já no fim do outono, e aqui vai um parêntese em relação à beleza do outono: não há, a meu ver, estação mais fotogênica na Europa do que o tempo que começa no mês de agosto e segue por setembro, outubro, novembro, com as árvores aos poucos deixando o verde, se tornando amarelas, aquilo amarelando, depois se tornando marrom, e as folhas caindo... E eu cheguei a Lyon num tempo assim, já para o começo do inverno. Mas isto já está comprido demais, não está, Paulo?

Paulo: Não! Eu estou achando ótimo! Continue!

Sérgio: Você não quer dizer nada, não, sobre isso?

Paulo: Não, eu estou acompanhando com o máximo interesse esse pedaço da tua experiência acadêmica, que eu acho até que tu exploraste e exploras pouco, mas não em detrimento de nada, senão em favor de alguma coisa que eu acho também muito importante, que é o que tu tens feito por meio da Unicef, em dois países que precisam, tanto quanto o nosso também, das ajudas que você vem dando, que foram exatamente Moçambique e agora o Haiti. De maneira que eu até louvo esse desprendimento que tu tens, e essa capacidade crítica de entender que a academia é muito importante, não há dúvida nenhuma; que a teoria é fundamental, mas, primeiro, que a teoria não se faz exclusivamente na academia. E, segundo, que há espaços que, sendo concretos, são também teóricos e demandam teoria, que precisam da tua, da minha e da colaboração de outras pessoas, enquanto nós fazemos parênteses, como é o teu caso específico hoje, com relação à tua volta a uma experiência mais acadêmica. Quer dizer, eu acho que tu não estás de maneira nenhuma sacrificando a tua vida intelectual, pelo fato de que não terminaste sequer a tua tese de doutorado *(riem)*, porque tu estás fazendo uma coisa importante para crianças e para adultos de um pedaço do mundo necessitado.

Enquanto eu te escuto nessa trajetória e nessa análise que tu fizeste da tua passagem pelo mundo basco — que é um mundo que me atrai também e que me agrada — e agora, quando tu entras na tua ida para a atividade que tiveste em Lyon, eu te felicito de novo porque soubeste em tempo renunciar, por um momento, a uma provável atividade mais acadêmica, em favor de uma atividade mais prática, porém teórica também, na qual tu estás envolvido hoje e na qual estiveste ontem.

SÉRGIO: Bom, se eu pudesse resumir em poucas palavras o meu trabalho em Lyon, eu diria que era um trabalho, dentro da universidade, de animação cultural. Formalmente, eu era responsável pelas disciplinas de Prática da Língua Portuguesa, Civilização Brasileira, História da Literatura Brasileira e, para a turma que estava terminando, que estava na licenciatura, Literatura Brasileira/Estudo de Autor. Praticamente eram quatro as matérias sobre as quais eu deveria me debruçar.

Além do trabalho docente, havia uma espécie de Centro de Estudos Brasileiros da própria universidade, que era um espaço onde se colecionavam alguns livros, revistas, jornais, e nós procuramos colocar mais cassetes, discos, cartazes, exposições de vez em quando sobre artes, sobre cultura brasileira. Era um espaço de animação cultural também, que complementava as chamadas disciplinas do currículo acadêmico.

Eu era responsável pela parte do Brasil. Até achei muito engraçado porque, na parte de ensino da língua, eles não diziam "o português", eles diziam *le brésilien*. Era *le portugais*, que era o português de Portugal, e *le brésilien*. Então eu era professor de *brésilien*, e não de *portugais du Brésil*. Apesar de eu não ser da área de Letras, penso que havia sido escolhido provavelmente porque um dos critérios que me permitiram ir até lá é que as pessoas que estavam organizando queriam justamente mudar um pouco a perspectiva do indivíduo que está na área de Letras, que tem uma formação acadêmica nessa área e que não puxa para a ação cultural de forma mais ampla. Eles achavam que alguém que tivesse feito Comunicações, alguém que tivesse uma experiência na área da Educação, de Prática da Educação, poderia desenvolver um pouco mais esse lado cultural, esses aspectos culturais, mesmo que não fosse assim tão brilhante na ourivesaria da análise literária, das teorias estruturais da Literatura. Talvez aí o fato de ter feito Comunicações me tenha valido. Mas me puxou muito, por outro lado, porque me fez também ter de, durante um bom tempo — durante todo o período que eu tinha passado na Espanha, mais o período que eu passei aqui no Brasil, ainda como professor primário, lá no bairro do Rio Pequeno —, estudar os livros de Literatura, fazendo as fichas. Porque o professor Aderaldo Castelo não aceitava que eu dissesse apenas que eu li tais livros: era fazer fichas e fazer relatórios periódicos de leituras e de temas que ele me dava.

PAULO: É desse tempo de tuas preocupações com uma formação, uma convivência com a literatura e com a civilização brasileira em Lyon, é desse tempo que nasce em ti a curiosidade de estudos em torno de Graciliano, por exemplo.*

---

* Depois de dois anos de poesia, com Mário de Andrade, resolvi preparar um curso na área da prosa. Foi aí que, dessa vez de forma inteiramente livre, sem nenhuma interferência do sistema de exames de qualificação ou da academia, decidi sem hesitar por Graciliano Ramos. Quanto à obra, optei por *S. Bernardo*. Em vez, porém, de partir para uma perspectiva "clássica" na proposta do curso — ou seja: primeiro uma panorâmica sobre o contexto histórico geral em que viveu o autor, com aspectos econômicos, políticos, sociais e culturais da época; segundo uma análise do contexto literário, com as diferentes correntes e escolas em vigor; terceiro um estudo sobre o lugar do autor nesse contexto e a evolução de sua obra literária; quarto uma análise da obra escolhida, situando-a no contexto da trajetória literária do autor; e, finalmente, uma análise da própria obra —, decidi mudar totalmente a proposta de curso.

Resolvi partir do momento atual, do que era vivo, e o que me pareceu mais adequado seria entrar em contato com aquelas pessoas que haviam convivido com Graciliano e que, seriam, portanto, as melhores fontes, a partir das quais poderíamos nos aproximar do autor. E foi o que eu fiz. De férias no Brasil, aproveitei para entrar em contato com o maior número possível de pessoas próximas de Graciliano: a viúva, Dona Heloísa Ramos, segunda esposa do Velho Graça; o escritor e publicitário Ricardo Ramos, filho mais novo; Clóvis Ramos, irmão de Graciliano; o amigo escritor Jorge Amado; o principal crítico literário de Graciliano, professor Antonio Candido; e vários outros. Com Dona Heloísa, fomos de Maceió a Palmeira dos Índios, onde Graciliano fora prefeito. Entrevistei, gravei, fotografei o mais que pude, e o curso foi sendo construído a partir de todo esse material sonoro e visual, até chegarmos a ponto de podermos analisar a própria obra, *S. Bernardo*.

Por um lado, os alunos gostaram muito, já que partíamos de materiais muito mais interessantes para eles do que apenas texto. Por outro, através de todo esse volume de informações fornecidas pelas próprias pessoas mais chegadas

Sérgio: É, exatamente. Primeiro foi Mário de Andrade. Por quê? Porque, quando se entrava no primeiro ano do curso — alguém, uma francesa ou um francês, que tivesse optado por Letras, área de Português —, entre outras matérias, fazia-se a Prática da Língua Portuguesa; tratava-se primeiro de aprender a falar, sem tanto se voltar para o escrever; e, segundo, a matéria de Civilização ou Cultura Brasileira, nível 1. Depois, no período seguinte, é que o aluno entrava em História da Literatura Brasileira. Aí era toda uma panorâmica da literatura brasileira, na qual muitos professores começavam desde os tempos do descobrimento, desde a Carta de Caminha, até agora. No início, eu comecei da Carta de Caminha até agora, mas já nos últimos anos eu fazia um ziguezague maior na história, começando mesmo afinal daqui para lá, ao invés de começar de lá para cá.

Quando chegavam no terceiro ano, aí eles tinham um ano todinho no qual estudavam e discutiam um autor e uma obra, porque essa obra e esse autor é que iriam ser os temas dominantes do exame, depois, para os alunos que quisessem ser professores da rede secundária ou ainda da rede superior na França. De ano em ano, havia determinados autores que eram escolhidos. No ano em que eu comecei a dar aula, era Mário de Andrade e a sua *Pauliceia desvairada*. E aí eu tive que me virar e virar o Instituto de Estudos Brasileiros da Universidade de São Paulo quase do avesso, lendo tudo de Mário de Andrade e buscando coisas de Mário de Andrade para compor o curso.

---

a Graciliano, todo aquele quadro que, na perspectiva didática "clássica", teria sido apenas exposto pelo professor, acabou sendo construído de uma outra maneira. Assim, os alunos puderam ter as principais referências ao contexto histórico, econômico, cultural e literário de forma mais viva, menos expositiva. (Nota do Sérgio.)

PAULO: Eu não sei se tu sabes da existência de uma tese muito boa de uma inglesa, uma tese que ela defendeu em Londres, mas que há um ano e pouco, possivelmente, foi traduzida e publicada pela Editora da Unicamp: *A presença do povo na cultura brasileira: Uma análise de Mário de Andrade e Paulo Freire*. O título é mais ou menos esse.*

SÉRGIO: Não, Paulo, não sabia.

PAULO: É que tu viajas amanhã cedo, mas haveria que achar esse livro. É um livro fantástico, muito interessante, no qual ela analisa Mário de Andrade e a mim, mas não do ponto de vista estético da obra — creio que a preponderância não é essa —; do ponto de vista político da presença na cultura brasileira do povo, da massa.

2. PRIMEIRO, UM CURSO MAGISTRAL; DEPOIS, A BUSCA DE NOVAS FORMAS

SÉRGIO: Continuando então com a questão da prática em Lyon, o trabalho que a princípio mais custou-me foi o trabalho com os alunos do primeiro ano, que eram os grupos mais numerosos, sobretudo na área de Prática da Língua e de Civilização Brasileira.

Na área de Prática da Língua isso não me preocupava tanto porque havia um método audiovisual — discutível, mas existente — de aprendizagem do português do Brasil, e as aulas basicamente consistiam em passar aqueles dispositivos, com a respectiva fita cassete, para os alunos, e em seguida

* O título exato é "A presença do povo na cultura brasileira: ensaio sobre o pensamento de Mário de Andrade e Paulo Freire", de Vivian Schelling. Campinas: Editora da Unicamp, 1991.

organizar exercícios em torno disso. No primeiro ano, com relação a essa prática da língua, eu não conhecia ainda bem a universidade, o curso que começava, e procurei fazê-lo de uma forma bastante fiel ao método. Depois, à medida que eu ia conhecendo o método, descobrindo os seus aspectos positivos mas também as suas limitações, eu fui alterando e introduzindo outras situações mais espontâneas, de conversas, de trabalho com músicas do cancioneiro popular brasileiro, com letras e músicas de cantores do Brasil, e aproveitando também a ideia para constituir uma pequena discoteca de autores brasileiros. Enfim, fui buscando outras formas, menos pré-fixadas, de assegurar que os alunos dominassem a língua de uma forma mais variada, dentro de um tempo razoavelmente curto. Esse tempo curto significava o primeiro ano de curso, que lhes deveria permitir depois, já no segundo, começar a ler determinados textos, falar e, em seguida, escrever também, porque afinal de contas era um curso de Letras.

O curso que no início mais me vem à ideia como desafio foi o curso de Civilização Brasileira. Para o primeiro ano, eu primeiro procurei saber qual era o procedimento na universidade. Aí me disseram que eu deveria fazer um curso magistral: preparar o meu programa, com os objetivos, com os temas que deveriam ser tratados nos diferentes momentos, nas diferentes aulas, com o apoio bibliográfico etc. E foi o que eu fiz.

Acontece que os alunos do primeiro ano, que eram alunos meus também em Prática da Língua Portuguesa, não falavam praticamente nada de português. Eu estava basicamente na mesma situação que eles, no que diz respeito ao francês: eu havia estudado um francês no colégio, e depois uma pequena tintura de iodo em cima, num cursinho com livro e cassetes, mas isso não me permitia nem de longe desenvolver uma discussão com eles, um diálogo com eles em francês. O que eu procurei fazer foi preparar as aulas, e nesse primeiro ano eu preparei tema por tema, aula por aula. Datilografei tudo isso em folhas com espaço dois e, com a ajuda de uma jovem francesa que era aluna minha também, mais avançada, e que estava muito interessada em desenvolver a sua habilidade de traduzir do português para o francês, nós nos sentávamos e, antes de cada aula, líamos aquilo tudo, discutíamos como era e, depois das discussões com ela, eu escrevia nas entrelinhas aquilo que mais ou menos correspondia à coisa em francês.

E durante as aulas então, logo no início, eu propus aos alunos o seguinte, para que as aulas não fossem aquela sessão enfadonha de leitura de papel: eu, no francês que eu sabia, procuraria estimulá-los, de um lado, apresentando alguns conteúdos no meu francês de principiante, ensinando-lhes alguma coisa sobre a cultura brasileira; de outro, eu como aluno da língua francesa, e da cultura francesa também, estaria ali aberto para todas as intervenções, todas as interrupções. E o curso, no meu primeiro ano, ficou até divertido, uma espécie de curso de cultura brasileira por aprendizes franceses e de cultura francesa por aprendiz brasileiro. Enfim, eu mantive nesse primeiro ano a linha tradicional do ensino, com algumas ligeiras modificações.

Já no segundo ano, eu me sentia mais à vontade no domínio da língua, no domínio do espaço da universidade, conhecendo um pouco melhor já as regras acadêmicas da Universidade de Lyon II, e me sentia à vontade para ir modificando um pouco as coisas. Já não apresentei mais um programa tão estruturado, já não escrevi de forma tão frase a frase quase o delineamento do curso, mas consegui uma participação maior dos alunos e uma flexibilidade maior, com atividades extraclasse também. Diga-se de passagem: o que me facilitou realmente esse estar mais à vontade no segundo ano foi, sem dúvida nenhuma, o grande envolvimento humano que acabei tendo com os alunos durante o primeiro ano, o que me levou a conviver com muitos deles não apenas dentro da universidade fora dos cursos, mas ainda em inúmeras situações fora do campus, idas a teatro, cinema, concertos, convites para almoços ou jantares em família e outras tantas atividades que uma cidade como Lyon proporcionava.

3. Índio, Pelé, futebol: uma coleção de cacos

Sérgio: O que mais me marcou foi a experiência do meu terceiro ano. Já era a terceira turma com quem eu faria o curso de Civilização Brasileira. Acontece, Paulo, que eu nunca consegui entender cursos que, de ano para ano, fossem repetições que o professor fizesse com as mesmas fichas, os mesmos papéis, as mesmas referências, as mesmas piadas, as mesmas frases, só mudando os alunos. Eu nunca pude perceber bem como é que se poderia fazer isso. Eu seria incapaz de repetir de um ano para o outro a mesma coisa, e acho também que, mantendo sempre um determinado núcleo que é definido pela natureza mesma da disciplina — no caso era Civilização Brasileira —, eu sempre vi o curso evoluindo para mudar mesmo, para ser cada vez mais participativo, cada vez mais brasileiro e cada vez mais civilizatório.

E assim eu chego ao terceiro ano, já com as experiências todas que eu tinha feito em diferentes classes, com as leituras todas, sobretudo as tuas, sobre a prática da liberdade em sala de aula.* E eu simplesmente começo o curso sem programa, sem papel, sem definir os materiais, a bibliografia, sem nada. Eu chego na primeira aula e, como já dominava razoavelmente o francês, eu me apresento aos alunos, digo quem eu sou e exponho a proposta que eu faço ao grupo que se está constituindo, que não é um grupo ainda. Era um bando de gente — ainda não havia relações internas entre as pessoas que as caracterizassem como membros de um grupo —, era um agrupamento de pessoas a quem eu propunha um curso de Cultura Brasileira, de Civilização Brasileira, que contaria com a minha presença e a minha liderança — pelo fato de eu ser professor ali, brasileiro também, eu estaria com eles, para acompanhá-los e orientá-los no curso —, mas a minha proposta era de que o curso fosse se constituindo com a contribuição de cada um dos elementos que estavam na sala. Eram 44.

* Entre essas experiências, destacaria ainda o uso de uma forma de avaliação diferente da que se utilizava na universidade e que implicava, por exemplo, que os alunos também avaliassem o curso e o meu desempenho, além de atribuírem notas a si mesmos em trabalhos e nas provas orais e escritas. Essas notas eram somadas às notas por mim atribuídas como professor, das quais então saíam as médias finais. Infelizmente não consegui convencer os outros professores a aceitarem esse sistema nas outras disciplinas. Uma das principais objeções formuladas por eles era a de que os alunos tenderiam a dar a si próprios, evidentemente, notas mais altas, o que facilitaria as aprovações e falsearia o processo de avaliação. Ora, salvo raras exceções, não foi o que eu constatei. Pelo contrário: frequentemente encontrei alunos tão rigorosos ao se autoavaliarem que suas próprias notas eram inferiores às minhas. Por outro lado, desde o início de cada curso, ao discutir o processo de avaliação com os alunos, eu deixava claro que, em caso de discordância entre nós — eu e cada um deles — quanto às notas dadas, teríamos que rediscutir a questão e justificar nossos respectivos pontos de vista até que chegássemos a um acordo quanto à nota a ser atribuída. (Nota do Sérgio.)

As primeiras reações, já de apresentação, foram relativamente informais. Algumas pessoas disseram quem eram, o que estavam esperando da universidade, sobretudo, e do curso; algumas pessoas manifestaram um certo entusiasmo, os mais jovens, sobretudo; achavam que estava muito bem, que nós já poderíamos avançar. E começamos o curso.

Eu aproveitei a oportunidade inicial para contar um pouco mais da minha história, do que eu estava fazendo ali na frente do grupo, de quem era eu, de onde é que eu tinha vindo, e lancei também algumas questões curiosas sobre quem eram eles, o que eles esperavam de um curso como esse. E assim já estabelecemos uma primeira rodada de conversas, de contatos.

Muito bem. Quando iniciamos a segunda aula, eu apareço, retomo um pouco do que nós tínhamos tratado na aula anterior, retomo a proposta, faço uma síntese do que eu tinha obtido de informações inclusive, do que eu tinha dito, do que eu tinha ouvido sobre as pessoas, pergunto se era mais ou menos isso, e, bom, então, estamos aqui, podemos começar o curso. E começar por onde?

Aí já veio um primeiro vazio: por onde começar? Eu digo:

— Bom, mas a civilização brasileira, o Brasil para vocês não diz absolutamente nada?

— Diz...

— Então, o que é que diz?

Aí eles começam, e começam a sair pedaços de informação:

— Índio!

— Pelé!

— Futebol!

— Feijoada!

— Mulheres!
— Praia!
— Sol o ano inteiro!
— Ditadura, Geisel, repressão...
— Transamazônica!
— Música, bossa-nova...
— Cachaça!

Aos poucos o quadro-negro vai se povoando de retalhos, de pedaços de frases:

"Tudo em cores!"

"Carnaval o ano inteiro!"

"Cobra no meio da rua!"

Depois de um certo tempo, o quadro estava cheio. E eu:

— Há aqui já toda uma série de indicações sobre o Brasil, cujo desafio, a meu ver, é o de ir estabelecendo relações: o que é que índio tem a ver com ditadura, cobra na rua tem a ver com Pelé, tem a ver com carnaval, tem a ver com mulheres, música, bossa-nova tem a ver com cachaça? O que isso tudo tem a ver, esse mosaico, essa coleção de cacos? É preciso que nós sejamos capazes de estabelecer relações entre eles.

Aí um deles:

— Mas isso aí é o que se espera que você faça, que comece a estabelecer...

E lá fui eu, começando a "ler" de novo o quadro e, com os elementos que eu tinha já, como brasileiro, e como professor há dois anos, a estabelecer as primeiras relações entre esses conteúdos. Evidentemente que nessas explicações há sempre uma provocação para a pergunta, um retorno de pergunta, para que a gente não fique falando também muito. Ainda que os alunos estejam muito atentos, é preciso em determinados momentos cutucá-los, no sentido de que eles reajam e falem também, não é? E assim nós terminamos a segunda aula, com o curso avançando um pouco, ainda de uma forma tateada.

4. "Eu não abria a boca, ninguém abria a boca"

Sérgio: Na aula seguinte, eu chego, na sala já estavam quase todos, poucos estavam atrasados. Havia sempre os atrasados; é sempre um desafio para todo professor a incorporação, ainda que tardia, dos "chegantes"...

Paulo: Exato!

Sérgio: Eu chego e, naquele dia, ao invés de ir-me sentar à mesa do professor, no lugar do professor, eu me sento numa das cadeiras dos alunos. A disposição das salas ainda estava de forma tradicional. Não exatamente tradicional como a da escola primária, quase fazendo filas e colunas, mas de um lado as cadeiras dos alunos, e a do professor com a mesa ali na frente. Ao invés de ocupar o espaço do professor, eu chego e ocupo um espaço do lado dos alunos. Sentado, espero ainda as pessoas que chegam, e o curso começa.

O fato é que eu comecei não dizendo nada. Deixando vazio o espaço do professor, e ocupando uma cadeira como os outros alunos, fui ficando ali — não de forma agressiva, nem de forma incomunicativa; eu cumprimentando os alunos, me comunicando não verbalmente com eles, mas não fazendo primeiro o uso da palavra. Acabaram enfim chegando os que estavam atrasados. O tempo vai passando, e ninguém diz nada. Eu também não digo nada, e o silêncio vai aumentando, aumentando. Passam dez minutos, as pessoas quietas, já manifestando alguns sinais de ansiedade, de irritação: umas olhando para mim, eu olhando para elas, e o tempo passando. Passam-se quinze minutos, e nada! Eu não abria a boca, ninguém abria a boca, o tempo passando, e nada de o curso deslanchar.

Vinte minutos! A tensão já estava alta, aquela tensão surda, silenciosa. E nada! Eu não dizia nada, ninguém dizia nada. Os 45 ali, em silêncio. De repente, levanta um deles e diz que não era possível que ele estivesse vivendo aquilo. Não podia ser verdade que dentro de uma universidade estivessem ali já reunidos durante vinte minutos, e que nada acontecesse! Não era isso que se esperava de um curso universitário! Que ele tinha ido lá para um curso de Cultura Brasileira, e o que ele estava vendo não era curso nenhum. Que ele estava tenso, que ele via que as outras pessoas também já estavam tensas, e como é que se poderia admitir uma situação como essa?

Aí levanta uma senhora, a mais velha da sala, e diz o seguinte: que ela estava completamente angustiada, que ela tinha se afastado do curso que ela havia começado na universidade havia mais de dez anos, que ela tinha voltado agora para a universidade e não estava entendendo o que estava acontecendo, e que ela não sabia também. Ela não tinha falado nada porque não sabia o que falar. A expectativa que lhe haviam dado era de que ela vinha para um curso e esperava que o professor desse o curso. Num caso como esse, em que o professor não ia dar o curso, não ia fazer ele mesmo o curso, mas que tinha de ser feito em grupo, ela também não sabia o que fazer.

Vira uma outra estudante, outra jovem, e diz que não, que, na proposta que a gente tinha aceitado duas aulas antes, o curso era para ser feito com o grupo. Não seria coerente com a proposta, portanto, que eu assumisse sempre, necessariamente, aquele papel como professor. Se isso acontecesse, disse ela, nós não faríamos o curso juntos; aí eu assumiria e acabaria fazendo o curso todo. Que a proposta era essa mesmo, e que o silêncio que havia é porque eles já estavam tão condicionados a estar sempre à espera de cursos prontos, e ir fazendo os cursos de acordo com a orientação dada pelo professor, que eles, quando tinham uma possibilidade de ir preenchendo o curso com elementos deles, não estavam sendo capazes de assumir. O problema era esse, terminou a jovem.

Nesse momento um rapaz levanta-se, vai à frente, olha bem para mim, e diz:

— O que acontece é que, pelo que eu estou vendo, *tu n'es qu'un fumiste!* Você não passa de um farsante! Você não sabe como fazer o curso, e está deixando tudo isso acontecer porque não sabe o que dizer sobre a cultura brasileira!

Aí a tensão chegou a um ponto altíssimo, porque ele estava acabando de afrontar uma autoridade acadêmica que estava fora do seu espaço, já que eu continuava sentado numa das cadeiras de aluno. Aquilo marcou tanto o rapaz que ele, todo nervoso, disse que ia sair do curso. Que esse tinha sido para ele o último dia, e que ele não tinha tempo a perder. Ele tinha vindo à universidade para aprender, e o que ele tinha assistido ali era um exemplo de curso que não lhe interessava. E, assim, que ele já não voltava mais!

Fez-se um silêncio curto, e aí eu tomei a palavra para dizer a ele que eu compreendia a angústia, a raiva dele, a reação emocional febril que ele estava tendo, mas que eu não poderia aceitar a crítica de farsante, quando ele me dizia que eu estava fazendo aquilo porque eu não sabia o que fazer. Aí eu expliquei a ele e aos outros que eu tinha feito esse curso já nos anos anteriores — estavam todos ali, atentíssimos! Entre parênteses: é evidente que, quando você entra numa dinâmica dessas, a atenção é total! Não há aluno que durma, não há aluno que leia outra coisa, não há aluno que saia!

Eu aproveitei para explicar a ele que, se fosse por falta de programa, por isso, não! Peguei os meus dossiês dos anos anteriores e mostrei que havia programa, havia conteúdos, havia bibliografia para isso. Mas que a proposta que eu havia feito, e que o grupo havia a princípio topado, era uma proposta de fazermos juntos, e que então eu iria ajudar, poderia até voltar a utilizar alguns elementos do curso anterior, mas que eu gostaria que ele não interpretasse isso como uma falta de competência mínima em relação aos conteúdos de cultura brasileira.

Bom, essa aula terminou aí. No final, houve alunos que vieram conversar comigo e dizer que eu não levasse a mal aquilo que o rapaz tinha feito, que ele tinha ficado nervoso. O jovem continuou furioso e saiu da sala, e até a senhora que tinha saído da universidade há dez anos veio falar comigo. Ela achava que talvez fosse melhor pegar aqueles cursos anteriores que eu tinha feito e seguir por ali mesmo, porque a experiência tinha sido muito dura.

5. "Não sou facilitador, eu sou é professor!"

Sérgio: Quando chega a aula seguinte, aí a coisa já tinha mudado de figura. Essa situação havia sido tão chocante para as pessoas, e para mim também, num certo sentido, que no dia seguinte não houve nenhuma dificuldade em que as pessoas assumissem a palavra. E assim, aos poucos, o curso foi se construindo.

Foi nesse período que eu achei que já era hora de entrar em contato com você. Queria conversar um pouco com o

Paulo Freire sobre as experiências de educação como prática de liberdade em sala de aula. Tratava-se de uma tentativa que nós estávamos fazendo, em grupo, de caminhos de liberdade em relação a conteúdos de cultura brasileira e de literatura brasileira. Aí então é que vem o nascer do contato direto com você, juntamente com o fato de que, à medida que o curso de Civilização Brasileira avançava, vários alunos interessados nos problemas de educação no Brasil manifestaram também a vontade de conhecê-lo.

Para terminar, Paulo: entre os alunos que foram comigo a Genebra conhecê-lo estava Franck Belaich, o rapaz que havia me feito a acusação mais séria! Não só ele não largou o curso, como nos meses seguintes foi um dos alunos mais dedicados. Interessou-se muito pelo cinema brasileiro, desenvolveu um interesse enorme pelo cinema francês também, pelo cinema em si, e, fazendo Letras, se dedicou ao cinema também. Hoje dá aulas na própria universidade, com trabalhos bons na área do cinema.

Esse foi um caso. Com relação ao próprio curso, o que aconteceu foi que na base do diálogo, do intercâmbio, do buscar juntos com a minha orientação, nós fomos sistematizando aquele quadro inicial, cheio de cacos, que eles mesmos haviam construído. Nós fomos descobrindo e agrupando aqueles elementos de civilização brasileira em função dos interesses dos alunos. Dali foram se formando pequenos grupos, duplas, trios de pessoas que se interessaram, por exemplo, mais na área da educação — e foi gente desse grupo depois que foi comigo conhecê-lo —; grupos que se fizeram porque estavam mais interessados na parte econômica, na parte política, na parte social, e na parte de artes também. Houve até uma dupla que se fez a partir de uma senhora que estava mesmo interessada era na culinária brasileira: ela queria aprender a fazer feijoada, moqueca, galinha de cabidela, a preparar uma caipirinha, enfim...

PAULO: Pois eu acho que essa experiência tua em Lyon foi altamente rica. Eu tenho impressão de que o que houve é o que teria de ocorrer, e ela merece assim uma análise sobre um, dois, três, e mesmo sobre vários pontos. Como o tempo não está favorável a nós agora — o tempo enquanto espaço de tempo —, o primeiro ponto que eu queria comentar é, por exemplo, como às vezes certos professores, certos educadores que até mesmo se dizem progressistas se estreitam com relação à compreensão da prática docente. Eles não podem perceber-se como professores a não ser na insistência diária de transmitir um certo conteúdo. Quer dizer, para esse tipo de professor — e para mim essa é uma concepção ideológica da docência —, ou você canta um tema, verseja um tema, discorre sobre o tema — e não o discute —, ou você não é professor.

Há uma concepção também errada, e também ideológica da docência, que é aquela em que, aparentemente, só você teria caído quando fez essa experiência. Essa outra concepção da docência, falsa também, errada também, é a de que o professor vem para a classe não para ensinar, mas só, exclusivamente, para ajudar no papel de conhecer do educando. E, porque o professor não tem de ensinar mesmo o conteúdo, nessa segunda compreensão errada da docência, ele termina por gerar na sua turma uma espécie de clima do "deixa-como-está-para-ver-como-fica". Esse é o professor espontaneísta, essa é a ideologia espontaneísta: o professor é um... os americanos até têm um nome... facilitador, apenas. Eu sempre digo nos Estados Unidos: "Eu não sou facilitador de nada. Eu sou é professor! Eu ensino. Agora, ao ensinar, eu facilito."

Na primeira concepção da docência, a docência é profundamente estreita, quer dizer, o espaço dela é estreito: é só a transferência do conteúdo. Na segunda, não há sequer o conteúdo; há prováveis e possíveis conteúdos que surgirão ou não surgirão, e, se não surgirem, danem-se. A segunda concepção é uma concepção irresponsável da autoridade e da tarefa da autoridade magisterial, docente. A primeira é a da responsabilidade unificada e centrada só no professor; o educando, por isso mesmo, não tem de ser consultado em nada; ele está aí é para aprender o que o professor ensina. Na segunda, o professor está aí para não ensinar nada.

Na concepção da docência que eu acho que é a tua, que eu acho que é a minha, o professor ensina, realmente, mas o professor precisa também, além de ensinar um certo conteúdo — no teu caso seria civilização, cultura brasileira —, ao ensinar cultura brasileira, saber não só se o aluno está aprendendo o que ele está ensinando, mas o que é que o aluno já sabe, independentemente do que o professor tem para ensinar. Por outro lado, a docência, nessa visão, ultrapassando os limites, se preocupa com a formação integral, completa. Eu não queria dizer "formação integral" porque essa expressão ficou muito gasta por um certo idealismo, até cristão também. O professor quer algo mais do que ensinar candomblé. O professor quer — aí eu posso dizer — ajudar, fustigar a formação inteira do aluno. Do aluno como gente agora, e não só como aluno.

A primeira concepção da docência vê o aluno puramente como aluno. A segunda vê o aluno como um fato, uma presença, que pode sair. Nessa terceira, que eu acho que é a crítica, a compreensão dialética da docência, o aluno é mais do que aluno, e só é aluno porque, antes de ser aluno, é gente. Homem ou mulher, é um ser no mundo e com o mundo, na história para fazer e sendo feito por ela. Então o educando está ali para conhecer, mas não conhecer apenas os conteúdos que aquele professor pensa que sabe, e às vezes sabe, mas para conhecer num processo mais amplo.

Por isso é que nessa inteligência da docência o professor está preocupado muito mais com o processo em que o aluno e ele se inserem do que com os conteúdos, sem que isso signifique que ele não ensine os conteúdos devidos. Nessa concepção crítica da docência, o professor precisa saber o que é que o aluno sabe — como eu dizia —, mas, para que ele saiba o que o aluno sabe, ele não pode fazer apenas a discurseira ao aluno, ou sobre o aluno. Porque assim ele não sabe nunca o que o aluno não sabe, ele não sabe nunca o que o aluno está sabendo, porque ele chega e passa três horas, duas das quais ele fala, e na última possivelmente ele testa saber o que é que o aluno soube ou aprendeu das duas horas ou da aula anterior. E o aluno fala só da descrição dos conteúdos que o professor fez, mas não fala da ignorância dele. O que o professor percebe é a ignorância dele com relação ao conteúdo do professor, mas não a ignorância geral, na vida e com a vida.

Na tua compreensão da docência, e na minha também, o que tu provaste aí na tua experiência é que, primeiro, o processo de conhecer é um processo social, e não apenas individual, com a sua dimensão individual. Segundo, que o processo de conhecer inexiste quando a curiosidade epistemológica não é estimulada, quer dizer, quando não há uma curiosidade em face de um certo objeto cognoscível, ou em face de um certo conteúdo. Terceiro, que o conteúdo geral, o tema geral do curso, tinha sido dito. Era cultura e civilização brasileira. Agora precisava montar conteúdos específicos, em relação um com o outro — sem o que não há sentido —, que ajudassem a compreensão global, do conteúdo global, do tema global, que era a cultura brasileira. Ora, a tua tese era a de que, a partir da ignorância do aluno francês sobre a cultura brasileira, era possível chegar aos conteúdos. E qual a vantagem? Se, por exemplo, no fim do curso você dissesse: "Ora, era exatamente isso que eu teria tido de ensinar." E alguém dissesse: "E que então adiantou esse sacrifício todo de forçar a gente a pensar?" Adiantou exatamente pensar!

SÉRGIO: E foi isso!

6. Um suicídio "lento, gradual e seguro"

PAULO: Aliás, na tua narrativa foi rápido que se deu a percepção da necessidade de pensar criticamente, através da análise da percepção anterior que eles tinham. Quer dizer: eles tinham uma percepção de si mesmos enquanto estudantes e tinham uma percepção da figura do professor enquanto professor. No momento em que você estabelece uma ruptura com o seu comportamento, você os obrigou a pensar o pensamento anterior em torno do aluno e em torno do professor. E, quando eles pensaram sobre isso, a primeira reação deles foi te espinafrar, foi dizer "tu és um incompetente", "tu és um *fumiste*", quer dizer, "tu és um aventureiro". Mas, ao dizer isso, eles tiveram de fazer a análise deles também. Mesmo que essa análise tenha sido feita em silêncio, ou no silêncio de cada corpo, eu não tenho dúvida nenhuma de que o discurso nesse silêncio deve ter sido "o professor é um incompetente, na minha raiva eu digo isso, mas nós somos também incompetentes e preguiçosos".

Você fez, no fundo, uma operação que se dá muito nas sessões de psicoterapia, ou de psicanálise, nas quais os chamados clientes se irritam com o psicoterapeuta, e às vezes até o matam. A história da psicoterapia e da psiquiatria anda cheia de gente que foi mártir da provocação das raivas que os outros tiveram e de suas culpas. Então o professor dialógico também paga por essa raiva.

É claro, a gente pode até fazer o mesmo que você fez sem repetir, sendo — como é que eu diria? — mais tático. Você fez o que eu também fiz em algumas ocasiões: em lugar de esperar ser assassinado como professor tradicional *(ri)*, você se suicidou defronte da turma. E, ao suicidar-se defronte da turma, a turma ficou órfã, entende? Daí o estouro que eles deram. Você poderia ter feito um suicídio lento...

SÉRGIO: ... mais lento, gradual e seguro *(ri)*...

PAULO: ... e chegaria ao mesmo resultado. Mas você fez uma receita traumatizante, e é um direito que você também tinha. Agora, onde é que para mim você estaria errado? É se, depois de tudo isso, você continuasse a insistir em que não tinha o que ensinar. Aí você caía naquela perspectiva que eu critiquei, no espontaneísmo em que o professor faz ou não faz, o aluno também faz ou não faz. Mas não era essa a sua opção; pelo contrário, você queria ensinar mesmo! Agora, você não queria era ser tradicionalistamente "ensinante".

SÉRGIO: Só um parêntese, Paulo: é que depois, já no final do curso, os alunos começaram a perceber, e eu também vi claramente, que os conteúdos todos...

PAULO: ... terminaram saindo, não é?

SÉRGIO: Exato, os conteúdos todos que nos anos anteriores haviam sido trabalhados, mas apresentados por mim de forma sistemática, voltaram com muito mais riqueza e com muito mais interesse, de outra forma.

PAULO: Lógico, claro! E você podendo saber o que eles não sabiam. Porque uma coisa é o professor dialogar, e no diálogo ele percebe os claros, e percebe os vazios. E a outra ele dá a aula, só. E o que ele vai saber depois através da inquirição que ele faz, através da prova que ele propõe e quase obriga — no fundo, ele obriga —, é a ignorância do aluno com relação ao que ele ensinou, mas não com relação à vida. E eu como professor, por exemplo, sou muito mais exigente de mim mesmo do que os que ficam pensando que estão aferrados à sua tarefa docente. É que, para mim, a concepção da docência é bem maior, e exige uma responsabilidade mil vezes maior do que a do autoritário, que é puramente discursador sobre o conteúdo. Eu espero que no ano 2200 essa gente tenha aprendido que isso não é conhecer.

SÉRGIO: Que já não haja mais gente que pratique esse tipo de ensino.

VII
África, o próximo voo

1. Angola, Guiné, São Tomé, "países de tinta fresca"

Paulo: Como o voo da memória continua, nós hoje, dentro dessa conversa, pudemos chegar até pelo menos algumas das nossas experiências na Europa. Na próxima oportunidade que nós tivermos, apesar da distância, todas as experiências de que a gente fala devem desaguar, digamos assim, no continente africano.

Paulo: Exato.

Sérgio: O fato é que, num determinado momento, na Universidade de Lyon, eu já tinha avançado bastante com a minha experiência docente e com a minha formação acadêmica, já tinha terminado a *maîtrise* na área de linguística e semiologia, e estava já preparando o doutoramento na área de semiologia em Besançon. Eu já estava viajando e frequentando as aulas e seminários, uma vez que Besançon fica um pouco longe de Lyon.

Foi quando eu recebi um convite da Unesco, e fiquei sabendo que a Unesco estava interessada em pessoas que tivessem uma certa experiência no ensino da língua portuguesa, pessoas que dominassem bem o português, que estivessem trabalhando na área de educação e que estivessem interessadas em trabalhar em projetos que se abriam nas antigas colônias portuguesas, países independentes ainda de tinta fresca. Desde 1975-76, os projetos tinham começado a se abrir. Daí então esse interesse em que eu trabalhasse em Angola. E, em 1978, eu vou para Luanda, mas eu me lembro de que nessa época você já estava metido há bastante tempo no trabalho na Guiné, no trabalho em São Tomé...

PAULO: Exato.

SÉRGIO: Me lembro, dessa época, dos escritos de São Tomé que você me passou, aliás. Eu acho que da próxima vez a gente vai poder desenvolver um pouco mais isso.

2. PEDRINHAS DE AÇÚCAR, CAFÉ E UM CIGARRO ATRÁS DO OUTRO

SÉRGIO: Se você me permite, eu ainda queria, para terminar, relembrar um pouco das visitas que eu fiz a você no Conselho Mundial das Igrejas, em Genebra. Das nossas conversas, das coisas que nós gravamos. Mas o que me ficou muito também, como detalhe, foi o quanto você consumia açúcar na época! Eram pedrinhas. Eles têm o costume de servir o açúcar em pedrinhas. E, se a minha memória é boa, num dia apenas, o cálculo que tinha sido feito quanto ao seu consumo dava algo como 28, de 26 a 28 pedrinhas de açúcar por dia! Isso é uma coisa que me chamou a atenção, no âmbito do detalhe.

Uma outra coisa que me chamou a atenção também foi, da conversa no teu escritório, o esfumaçar progressivo no gabinete com os cigarros que se fumavam!

PAULO: É!

Sérgio: De vez em quando, você abria um pouco a janela. Fazia frio, você abria a janela para deixar a fumaça sair!

E vejo hoje que o açúcar já não entra mais tanto nem com pedra nem sem pedra... Como é que você está no consumo de açúcar?

Paulo: Ah, deve ser um terço daquilo, mesmo quando eu tomo muito café. Agora quando eu fui, por exemplo, secretário da Educação no governo da Erundina, todos os secretários e secretárias tomaram uma medida com a prefeita, da qual algumas pessoas, quando lerem isso, devem rir. Esses trelosos do mundo, esses desrespeitadores do dinheiro público vão achar graça dessa coisa que parecerá a eles ridícula. Mas é que nós todos como governo decidimos que, durante a nossa administração, o cafezinho nosso seria pago por nós. E demos uma economia extraordinária à municipalidade de São Paulo! Parece uma mentira, mas é uma baita economia! Passamos nós mesmos a comprar café e açúcar para usar, e então fazíamos uma divisão bem justa na Secretaria da Educação, e eu era o que mais pagava, a quota maior era minha! E não porque secretário ganhasse mais, ganhava menos do que o pessoal jurídico, por exemplo. Mas é porque a quota maior era do gabinete mesmo! Primeiro, eu servia café a todo mundo que me visitava, e era muito mais gente visitando o secretário do que o assistente! Em segundo lugar, eu tomava café a cada dez minutos. Mas mesmo assim a conta de açúcar era muito menor! Agora, eu continuo apaixonado por café. Ter deixado de fumar... Naquela época que você me visitou eu fumava três maços de cigarro por dia, era um cigarro atrás do outro! E eu deixei, abandonei o cigarro, se não eu acho que eu hoje não estaria aqui conversando. Deixei de fumar em 1978. O meu organismo não resistiria até hoje.

3. "E fui morar noutro mundo. No mundo dos que não fumam"

Sérgio: E o ter deixado de fumar para você foi como?

Paulo: Foi uma violência que eu tive de praticar, porque é o tal negócio de que você não escolhe sem romper. Eu escolhi não fumar, e aí tive de romper mesmo: com o gosto do cigarro, com o bem-estar que ele me dava, romper com as inseguranças pelas quais eu precisava fumar. Rompi com tudo isso.

Sérgio: E foi um belo dia, foi de repente? Como é que foi?

Paulo: De repente. Eu passei férias na casa de um amigo em Lisboa, e tossi tanto que ninguém dormiu em sua casa. Ninguém pôde dormir! Era uma casa pequena, e eu tossindo. No dia seguinte, eu decidi que não fumava nunca mais. E nunca mais fumei. Porque eu não acredito nessa história de deixar de fumar aos poucos. Não existe isso. Ou você deixa de fumar agora, neste momento, ou você nunca deixa de fumar. Esse negócio de dizer: "Não, agora eu fumo três cigarros por dia, daqui a pouco vou fumar dois por dia, daqui a pouco fumo um, daqui a pouco não fumo nada" é conversa! Não deixa de fumar. É como a mulher, por exemplo, que larga o marido, por várias razões legítimas, mas vai morar na esquina da rua. Não dá! *(Sérgio cai na risada)* A mulher que deixa o marido ou o marido que deixa a mulher tem de morar noutro quarteirão, noutro bairro *(riem os dois)*, senão não deixa, entende? E eu fiz isso com o cigarro. Eu deixei o cigarro e fui morar noutro mundo. No mundo dos que não fumam. Com o que eu consegui escapar de uma morte mais prematura. E diminuí o açúcar também assim. Mas não diminuí o açúcar com a intenção de comer menos doce. Eu como doce todo dia, e como muito doce! Agora, só que eu não tenho vocação de engordar. Porque veja você: chegar aos 71 anos com 54 quilos é uma coisa extraordinária!

Sérgio: A tua altura é de quanto?

Paulo: É 1,69m, 1,70m, por aí, mas eu já entrei na idade na qual a gente começa a diminuir.

Sérgio: *(rindo) Já* está encolhendo?

Paulo: *(rindo) Já* estou encolhendo. Mas, Sérgio, eu acho que a gente tem de parar agora, já são 6h40min.

Sérgio: O resto fica para a próxima, não é, Paulo?

Paulo: Para a próxima, é.

Sérgio: Certo! Hoje é 15 de janeiro de 1993. São seis horas...

Paulo: ... e quarenta...

Sérgio: ... e quarenta minutos da tarde, em São Paulo. Ponto final.

Nota final: lição de casa

1. "O resultado aqui está, definitivamente inacabado"

Não houve próxima vez, infelizmente. Nossos contatos continuaram, mas ficou difícil acertar nossas datas. Continuei andando mundo afora no trabalho com o Unicef, e, nas poucas vezes que vinha de férias ao Brasil, mal conseguíamos nos encontrar, até porque o Velho também não parava.

Ao ritmo em que íamos, precisaríamos de pelo menos mais vinte anos para pôr em prática todos os nossos projetos. Já havíamos feito dois volumes do *Sobre educação: diálogos*, mas faltavam outros dois dessa série.* Para esses, havia pelo menos duas hipóteses. A primeira seria a de partirmos para uma discussão de tipo autobiográfico, partindo de 1964. Quanto à segunda, eu havia sugerido que entrássemos num debate concreto sobre os "conteúdos" básicos da educação primária.

Explico: usando a imagem das quatro pernas de uma mesa como as bases dessa formação, eu dizia que a primeira perna seria a área de comunicação e expressão, incluindo língua, artes etc.; a segunda perna englobaria a área lógico-matemática; a terceira, a área de estudos ou ciências sociais; e a quarta, a área das chamadas ciências da natureza.

---

* Para as edições a partir de 2011, optou-se por trabalhar cada livro de forma independente, sem integrar uma série. (N.E.)

O terceiro volume do *Sobre educação*, de acordo com essa imagem, seria assim voltado para uma análise mais aprofundada das duas primeiras pernas. O quarto e último volume, por sua vez, abordaria os outros dois pilares. Pretendíamos discutir os principais aspectos do currículo dessas áreas, não apenas com base nas nossas experiências respectivas, mas também convidando especialistas para participar dos diálogos conosco. Passaríamos, com isso, em revista não apenas algumas práticas pedagógicas, mas iríamos também sugerir pistas para os leitores — sobretudo professores, mas não só — que quisessem refletir e praticar a educação criticamente.

O Paulo encarava esse projeto com tanta seriedade que vivia adiando o início das nossas conversas. Queria que revíssemos primeiro toda a documentação e as respectivas propostas curriculares do ensino de base no Brasil. Como primeira convidada, já havia sugerido inclusive o nome da professora Ana Maria Saul, a grande especialista brasileira em currículo escolar.

Quanto ao *Aprendendo com a própria história*, não sabíamos ainda quantos volumes seriam.* Tudo iria depender de como as nossas conversas evoluiriam, mas o terceiro seria, com certeza, dedicado à África. Começaríamos pela experiência dele, sobretudo na Guiné-Bissau e em São Tomé e Príncipe, mas também em Angola e Moçambique. Ainda que nesses dois últimos países seu envolvimento tivesse sido menor que nos dois primeiros, poderíamos facilmente complementar os diálogos, porque iríamos discutir também a minha experiência profissional tanto em Angola quanto em terra moçambicana.

---

* Para as edições a partir de 2011, optou-se por trabalhar cada livro de forma independente, sem integrar uma série. (N.E.)

Diga-se de passagem: o *Aprendendo com a própria história* nasceu enquanto esperávamos que o terceiro e o quarto volumes do *Sobre educação* amadurecessem. Entre as ideias que eu pretendia discutir com o Paulo, no volume dedicado à terceira perna — estudos sociais —, estava a de que a aprendizagem da história seria certamente mais interessante, mais dinâmica e mais efetiva, sobretudo nas primeiras séries do ensino de base, se, ao invés de partirmos de lá para cá, partíssemos daqui para lá. Em miúdos: em vez de começar a ensinar a uma criança de sete, oito anos a história a partir do século XVI, com Cabral e companhia, por que não partir da própria história da criança e, progressivamente, estimular a sua ciência com relação a tempos (e espaços, integrando-se aí a antiga geografia) cada vez mais abrangentes?

Aí resolvemos pôr a ideia em prática conosco mesmos procurando cobrir sobretudo aspectos e experiências que ainda não tivessem sido abordados em obras já publicadas. Assim fizemos o primeiro volume, que começamos em 1984, mas acabou sendo publicado só em 1987. Nessa altura, eu já estava trabalhando em Moçambique, e os nossos desencontros começaram.

Em janeiro de 1993, deixei por alguns dias a crise haitiana para trabalharmos este segundo volume. O resultado aqui está, definitivamente inacabado, como acontece com a história da espécie humana.

Poderia ter sido diferente? Sem dúvida. Na primeira viagem que fiz ao Brasil depois que o Paulo aceitou ser o secretário da Educação da prefeitura de São Paulo, no governo de Luiza Erundina, discuti com ele a possibilidade de voltar de mala e cuia. Poderia assim trabalhar diretamente com ele, com a vantagem de que já havia trabalhado como professor na rede municipal de ensino. Além disso, poderíamos desenvolver mais rapidamente os nossos projetos.

O Velho sugeriu que eu continuasse trabalhando no exterior. Achava importante que eu prosseguisse a experiência de comunicação social em apoio às crianças de países do terceiro mundo, através do Fundo das Nações Unidas para a Infância — Unicef. Concordamos, e resolvemos assim pagar o preço: encontros quase bissextos, felizmente superintensos. Em seguida, cortes.

2. "Ficar com o que está vivo, esta é a decisão!"

Recebi a notícia pouco depois da meia-noite de 2 de maio de 1997, em Luanda, Angola, através da RTP (Rádio e Televisão de Portugal). Choque? Só não terá sido certamente maior que o baque sentido por aqueles que amavam o Velho e viviam perto dele.

O choque da separação: lembrei-me das inúmeras vezes que tive de lidar com essas situações, dentro e fora das salas de aula. Quem não terá sentido aquele nó na garganta, aquele aperto no peito, quando o ano se acaba e as crianças se vão? Ou quando a professora querida foi ter bebê e deixou uma substituta chata no lugar?

Contra a morte não há truques. É sentir a fundo a dor inevitável ao perceber que alguém se vai, para em seguida, mais cedo ou mais tarde, aprender a manha de seguir a vida. Não foi isso que o Velho fez, apesar de quase mortalmente atingido em 1986, quando dona Elza partiu?

*É um momento lento e difícil. Eu só saio disso se eu sair. Eu não posso "ser saído", puxado por alguém. Decidir que eu saio é romper. Decidir é ruptura. Ficar com o morto é a tendência. Ficar com o que está vivo, esta é a decisão!**

É este o convite: seguir caminho, dialogando sempre. Lutando por um hoje pelo menos decente e por um amanhã mais solidário, mais justo, mais alegre. Melhor.

O Velho viajou, foi "morar noutro mundo. No mundo dos que não fumam". Por hoje é só, a aula acabou. Dever de casa? Só uma lição: seguir vivendo e aprendendo, inclusive com a própria história.

Valeu, meu Velho, valeu!

Sérgio Guimarães
São Paulo, 15 de janeiro de 1999

---

* Mere Abramowicz, "Amor e perda em tempos de vida — em dois momentos entrelaçados", in Paulo Freire, *Uma biobibliografia*. São Paulo: Cortez/Unesco/Instituto Paulo Freire, 1997, 1ª reimpressão.

Este livro foi composto na tipografia Dante MT Std, em corpo 12/15, e impresso em papel off-white no Sistema Digital Instant Duplex da Divisão Gráfica da Distribuidora Record.